Klasse 5-8

Hans-Peter Pauly

Konzentration Sekundarstufe

Steigerung Schritt für Schritt

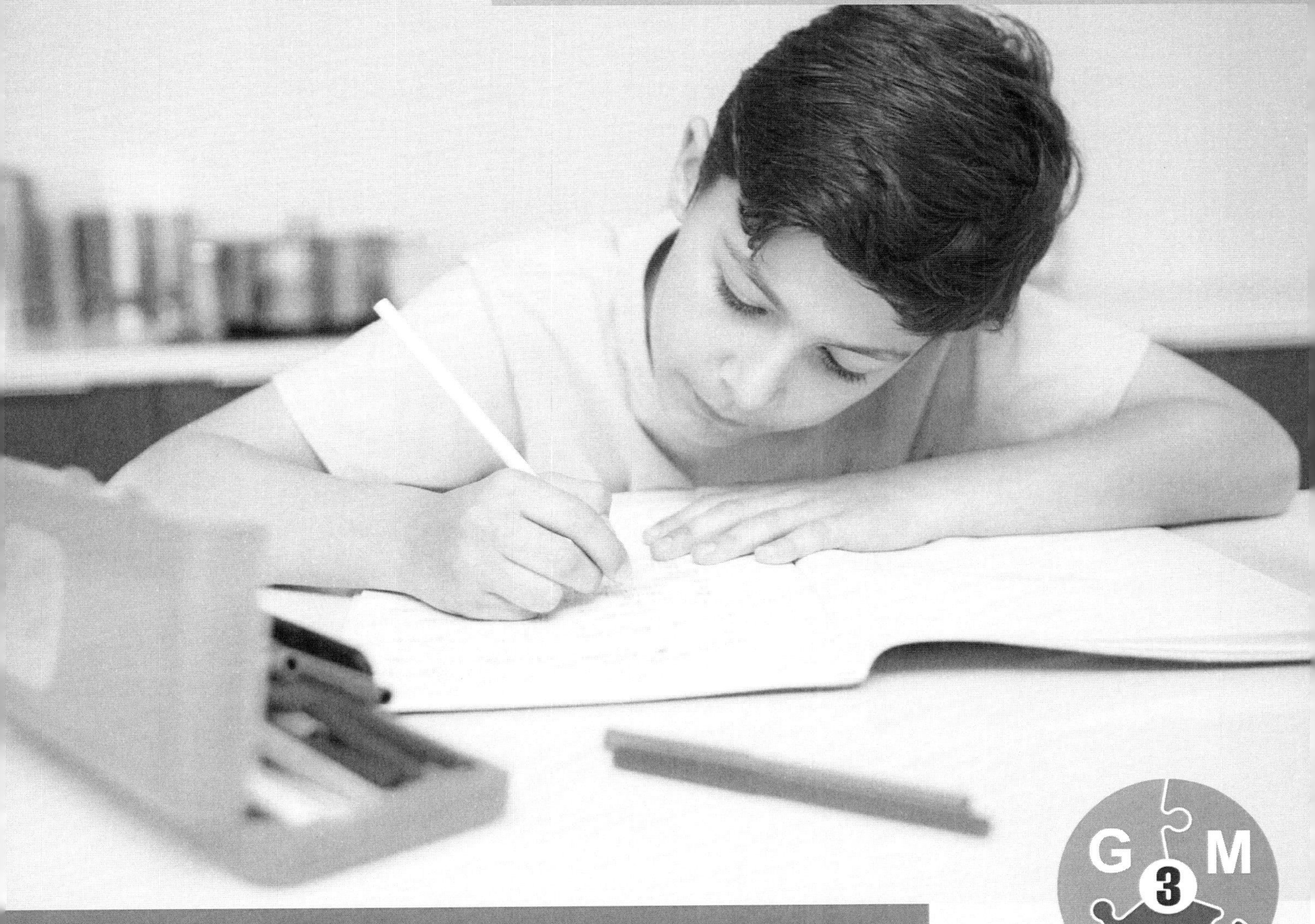

G M E 3

Aufeinander aufbauende Übungen in verschiedenen Niveaustufen

Konzentration Sekundarstufe

Steigerung Schritt für Schritt

8. Auflage 2026

Inhalt: Hans Peter Pauly
Coverbilder: © WavebreakmediaMicro, volondoff & Hermiadi - AdobeStock.com
Bildquellennachweis:
Seiten 3 - 6: © clipart.com; **Seite 6**: © tansy - fotolia.com; © Oleg Kozov - fotolia.com; © piyathep - fotolia.com;
Seite 7: © tansy - fotolia.com; © Sergey Nivens - fotolia.com; **Seite 8 - 15**: alle © donatas - fotolia.com;
Seite 16 - 19: © Style-Photography - fotolia.com; **Seite 20 - 23**: © Trueffelpix - fotolia.com;
Seite 24: © jokatoons - fotolia.com; © dedMazay - fotolia.com; **Seite 30, 31**: © Trueffelpix - fotolia.com;
Seite 36 - 39: © Matthias Enter - fotolia.com; **Seite 40**: © pico- fotolia.com; © andersphoto - fotolia.com;
Seite 44: © pico - fotolia.com; **Seite 46**: © toournee- fotolia.com;

Grafik & Satz: Kohl-Verlag
Druck: farbo prepress GmbH, Köln

Bestell-Nr. 11 699

ISBN: 978-3-95686-624-1

Kontakt: Kohl-Verlag, An der Brennerei 37-45, 50170 Kerpen
Tel: +49 2275 331610, Mail: info@kohlverlag.de

Inhalt

Vorwort

Liebe Kolleginnen und Kollegen*,

Konzentration meint die Fokussierung auf einen Punkt beziehungsweise auf eine Aufgabe. Konzentration ist eine wichtige Voraussetzung, um lernen zu können. Heutzutage ist es nicht mehr selbstverständlich, dass sich unsere Schüler konzentrieren können. Es gibt heute zu viele Ablenkungen, denen unsere Schüler ausgesetzt sind. Denken wir nur mal an die „Bilderflut" mit der sie zu kämpfen haben, die das Konzentrieren verhindert oder sehr schwer macht.

Ist es nicht sehr viel interessanter, mit seinem Smartphone im Internet zu surfen, als dem „langweiligen" Unterricht zu folgen. Wie war es noch für unsere Generation, wenn wir einen meist schwarz-weißen Film im Unterricht anschauen durften? Wir haben uns gefreut und folgten dem Lehrfilm ganz genau. Heute hört man von Schülern: „Was, schon wieder ein Film in Bio?" „Echt langweilig!". Wir müssen uns schon was einfallen lassen, um die Aufmerksamkeit unserer Schüler zu haben. Viel interessanter ist es, in den sozialen Netzwerken zu surfen und mit Freunden zu chatten. Aber alles zu seiner Zeit! Da wir unsere Schüler dort abholen sollen, wo sie gerade stehen, ist es zuerst erforderlich, optimale Bedingungen für konzentriertes Lernen zu schaffen. Natürlich haben wir als Lehrkräfte auf die unten aufgeführten Bereiche nur begrenzten Einfluss. Dennoch ist sinnvoll, dem Schüler diese Punkte ins Gedächtnis zu rufen und sie zu thematisieren:

1) Es muss immer für ausreichenden Schlaf gesorgt werden und eine klare Abmachung geben, wann das Kind zu Bett geht.

2) Wenn man sich konzentrieren will, ist Sport notwendig. Am besten sollte man sich einen Sport aussuchen, den man regelmäßig an der frischen Luft ausüben kann.

3) Man sollte auch auf Ruhe- und Entspannungsphasen achten. Die Pausen sollten auch im Alltag fest eingeplant werden.

4) Auch die richtige Ernährung ist beim Konzentrieren wichtig. Wichtig ist, dass auf Frische geachtet wird. Ein gesundes Frühstück sollte immer den Anfang unseres Tages bilden. Bei unserer Ernährung ist neben der Frische der Produkte wichtig, dass man ausgewogen isst. Für die Konzentration ist ebenso das Trinken wichtig. Es sollte immer eine genügende Menge zu sich genommen werden. Wichtig ist auch der Umstand, wie wir unsere Mahlzeiten einnehmen. Es darf nicht hektisch geschehen. Man sollte immer genügend Zeitfenster einplanen.

5) Besondere Beachtung muss man dem Arbeitsplatz und den hier herrschenden Lichtverhältnissen schenken. Er darf nicht so gewählt sein, dass es ein dunkler Arbeitsplatz ist. Im Gegenteil: Er muss freundlich und hell sein. Ausgestattet mit guten, funktionalen Möbeln. Alles was von der Aufgabe ablenken könnte, sollte vermieden werden.

Das vorliegende Heft soll gezielt durch altersgerechte Übungen das Auffassungsvermögen und die Lernkonzentration der Schüler fördern. Diese Übungen erfordern genaues Lesen der Aufgabenstellung und führen dadurch zum gezielten Lösen der Aufgabe. Hier ist besonders die Aufmerksamkeit und das Einprägungsvermögen gefragt. Die Fähigkeit, mehrere Dinge miteinander verknüpfen zu können, soll auch in diesem Band zur Konzentrationsförderung der Schülerinnen und Schüler beitragen. Hierfür gibt es drei Niveaustufen:

◉ **Grundlegendes Niveau**

! **Mittleres Niveau**

Expertenniveau

Beim grundlegenden Niveau handelt es sich um Aufgaben, die weniger anspruchsvoll sind. Sie zeichnen sich durch ein geringes Abstraktionsniveau aus. Dem Schüler wird das Arbeiten erleichtert, indem die Aufgabenstellung Hilfestellungen oder andere Tipps beinhaltet. Auf dem Grundniveau sind die Aufgaben außerdem so gestellt, dass sie geringe Konzentration des Schülers erfordern. Somit eignen sie sich ideal, um das Konzentrationsvermögen schrittweise zu entwickeln, aber auch um den Einstieg in konzentriertes Arbeiten zu erleichtern.

Beim mittleren Niveau zeichnen sich die Aufgaben durch eine höhere Konzentrationsfähigkeit aus. Die zu lösenden Aufgaben sind abstrakter und der Schüler lernt zunehmend, die Aufgaben selbstständig zu lösen.

Beim Expertenniveau handelt es sich um Aufgaben, die aufgrund ihres Umfangs und ihres Anspruchs vor allem für leistungsstarke Schüler konzipiert sind. Sie erfordern ein hohes Maß an Konzentrationsvermögen und regen zum selbstständigen Arbeiten und Denken an.

Die Übergänge zwischen den Niveaustufen können fließend sein. Je nach Themenbereich kann ein Schüler unterschiedliche Leistungen in verschiedenen Bereichen erzielen. Schüler, die in einem Bereich als lernschwach gelten, können in einem anderen Bereich ein mittleres Niveau erreichen. Umgekehrt können Schüler, die in einem bestimmten Bereich als leistungsstark gelten, in einem anderen Bereich noch Förderbedarf haben. Außerdem kann ein Teilerfolg in der nächsthöheren Stufe schon ein absoluter Erfolg für den Schüler sein.

Viel Erfolg beim Einsatz der Materialien in Ihrem Unterricht wünscht Ihnen das Kohl Verlagsteam und

Hans Peter Pauly

*Mit den Schülern bzw. Lehrern sind im ganzen Heft selbstverständlich auch die Schülerinnen und Lehrerinnen gemeint!

1 Wo sind die Vokale hin?

Aufgabe 1: *Bei diesem Text wurden die Buchstaben a, e, i, o, u, durch einen Strich ersetzt. Versuche, gleich beim Lesen die Lücken zu füllen.*

_mm_r w_ _d_r _rzählt _nd _mm_r w_ _d_r g_rn g_hört – d_ _ G_sch_cht_ v_m Sk_rp_ _n _nd d_r Sch_ldkröt_.

_s b_g_b s_ch, d_ss _ _n Sk_rp_ _n _ _n_n Fl_ss üb_rqu_r_n m_sst_. _m _f_r s_ß _ _n_ Sch_ldkröt_ _nd s_nnt_ s_ch. D_r Sk_rp_ _n g_ng z_r Sch_ldkröt_ _nd fr_gt_ s_ _, _b s_ _ _hn üb_r d_n Fl_ss br_ng_n könn_. „N_ _n“, s_gt_ d_ _ Sch_ldkröt_, „m_tt_n _m Fl_ss st_chst d_ m_ch _nd _ch m_ss st_rb_n. _ch w_rd_ d_ch n_cht üb_r d_ _s_n Fl_ss br_ng_n!“ „_b_r w_nn _ch d_ch st_ch_, st_rb_ _ch d_ch _ _ch.“ J_, d_cht_ d_ _ Sch_ldkröt_ _nd l_ _ß d_n Sk_rp_ _n _ _f _hr_n Rück_n st_ _g_n. M_tt_n _m Fl_ss _ng_k_mm_n, st_ch d_r Sk_rp_ _n d_ _ Sch_ldkröt_ _n d_n H_ls.
„W_r_m h_st d_ d_s n_r g_t_n?“, fr_gt_ d_ _ Sch_ldkröt_ m_t z_tt_rnd_r St_mm_. „J_tzt st_rb_n w_r d_ch b_ _d_.“ „_s l_ _gt _n m_ _n_r N_t_r, l_ _b_ Sch_ldkröt_, _s l_ _gt _n m_ _n_r N_t_r...“

KOHL VERLAG Konzentration SEKUNDARSTUFE
Steigerung Schritt für Schritt – Bestell-Nr. 11 699

1 Wo sind die Vokale hin? !

Aufgabe 2: *Bei diesem Text wurden die Buchstaben a, e, i, o, u, durch einen Strich ersetzt. Dadurch wird das Lesen natürlich etwas schwieriger. Versuche, gleich beim Lesen die Lücken zu füllen.*

D_s Sch_lfr_hr _nd d_r Ölb_um

Üb_r Stärk_, F_st_gk__eit _nd R_h_ str_tten s_ch __n
Sch_lfr_hr _nd __n Ölb__m. D_s R_hr, w_lch_s v_n d_m
Ölb__m d_r_b g_t_d_lt w_rd, d___ _s _ll_r Stärk_
_ntb_hr_ _nd l__cht von _ll_n W_nd_n h_n _nd h_r
b_w_gt w_rd_, schw__g _nd s_gt_ k__n W_rt. N_ch
__n_r kl__n_n W__l_ _rh_b s_ch __n h_ft_g_r St_rm;
d_s h_n _nd h_r g_schütt_lt_ R_hr h_tt_ d_n
W_ndstöß_n n_chg_g_b_n _nd bl__b _nb_schäd_gt, d_r
Ölb__m d_g_g_n, w_lch_r s_ch d_n W_nd_n
_ntg_g_ng_st_mmt h_tt_, w_rd_ d_rch d_r_n G_w_lt
g_br_ch_n.

KOHL VERLAG
Konzentration SEKUNDARSTUFE
Steigerung Schritt für Schritt – Bestell-Nr. 11 699

2 Unter die Lupe genommen!

Aufgabe 1: *Suche aus dem Text alle „a/A“ heraus und markiere sie mit einem Marker!*

Es war gerade nicht der Teufel selbst, aber mindestens ein ebenso gesinnter und verschmitzter Geist, der sich zur Lebensaufgabe gesetzt hatte, andere Leute stets zu schikanieren und allenthalben Unglück anzurichten.

Er ging einst am freundlichen Ufer des Huronsees spazieren und sah eine Menge lustiger Enten vor sich auf dem Wasser herumsegeln und sich köstlich nach Entenart amüsieren. „Ach“, rief er ihnen zu, „das freut mich doch übermenschlich, dass ihr lieben Enten so schön vergnügt und heiter seid; kommt doch auch einmal mit mir in meine Hütte, damit ich euch einen neuen schönen Tanz lehren kann, den jetzt die Seelen im Himmel tanzen.“

Einige bejahrtere Schnatterer schüttelten bedenklich die Köpfe dazu und wisperten: „Lasst uns nicht hingehen; denn das ist Menabuscho, der Übeltäter.“

Doch die jüngeren waren anderer Meinung; der schöne Mann sprach ja so freundlich und liebevoll, dass es eine wahre Ungezogenheit gewesen wäre, wenn sie sich so kalt gegen ihn benommen hätten. Sie steuerten also das Land an, und die anderen folgten dann auch.

Aus: Ein teuflischer Tanzmeister.
Quelle: Karl Knortz: Märchen und Sagen der Indianer Nordamerikas.

2

Unter die Lupe genommen! 

Aufgabe 2: *Suche aus dem Text alle „m/M“ heraus und markiere sie mit einem Marker!*

Längst haben sich Trendforscher mit dem Thema Nahrung und Essen beschäftigt - mit einigen interessanten Entwicklungen für die kommenden Jahre. Die Deutschen entsorgen jedes Jahr 20 Millionen Tonnen Lebensmittel. Mit den Abfällen Europas könnte man alle Hungernden der Erde zweimal ernähren, schreiben Stefan Kreutzberger und Valentin Thurn in ihrem Buch „Die Essensvernichter“. Das Thema wird in allen Medien heiß diskutiert. Und dann fassen die Menschen besonders gerne zu Beginn eines neuen Jahres gute Vorsätze. Einer davon heißt „gesünder und bewusster essen, vor allem weniger Fleisch“. Selbstgemachtes wird immer wichtiger. Denn die vielen meist unbekannten Zusatzstoffe und vor allem viel zu viel Zucker führen dazu, dass Frauen wie Männer Selbstgekochtes schätzen.

Das Mindesthaltbarkeitsdatum steht auf allen Lebensmittelverpackungen. Die meisten Menschen werfen Nahrungsmittel weg, wenn das Datum überschritten ist. Doch sehr viele Lebensmittel halten viel länger. Ein wissenschaftlicher Test zeigte, dass ein Joghurt, bei dem über ein Jahr das Mindesthaltbarkeitsdatum abgelaufen war, keine gesundheitsschädlichen Keime enthielt. Bei der intakten Verpackung haben sich gar keine Keime gebildet.

Quelle: Aus dem Internet.

Konzentration SEKUNDARSTUFE
Steigerung Schritt für Schritt – Bestell-Nr. 11 699
KOHL VERLAG

2 Unter die Lupe genommen!

Aufgabe 3: *Suche aus dem Text alle „u/U“ heraus und markiere sie mit einem Marker!*

Ein Esel und ein Fuchs lebten lange freundschaftlich zusammen und gingen auch miteinander auf die Jagd. Auf einem ihrer Streifzüge kam ihnen ein Löwe so plötzlich in den Weg, dass der Fuchs fürchtete, er könne nicht mehr entfliehen. Da nahm er zu einer List seine Zuflucht.

Mit erkünstelter Freundlichkeit sprach er zum Löwen: „Ich fürchte nichts von dir, großmütiger König! Kann ich dir aber mit dem Fleische meines dummen Gefährten dienen, so darfst du nur befehlen.“

Der Löwe versprach ihm Schonung, und der Fuchs führte den Esel in eine Grube, in der er sich fing.

Brüllend eilte nun der Löwe auf den Fuchs zu und ergriff ihn mit den Worten: „Der Esel ist mir gewiss, aber dich zerreiße ich wegen deiner Falschheit zuerst.“

Den Verrat benutzt man wohl, aber den Verräter liebt man doch nicht.

KOHL VERLAG
Konzentration SEKUNDARSTUFE
Steigerung Schritt für Schritt – Bestell-Nr. 11 699

2 Unter die Lupe genommen! 

Aufgabe 4: *Suche aus dem Text alle „t/T“ heraus und markiere sie mit einem Marker!*

Ein Bauer trieb ein Pferd und einen Esel, beide gleichmäßig beladen, zu Markte. Als sie schon eine gute Strecke vorwärts gegangen waren, fühlte der Esel seine Kräfte abnehmen. „Ach“, bat er das Pferd kläglich: „Du bist viel größer und stärker als ich, und doch hast du nicht schwerer zu tragen, nimm mir einen Teil meiner Last ab, sonst erliege ich.“

Hartherzig schlug ihm das Pferd seine Bitte ab: „Ich habe selbst meinen Teil, und daran genug zu tragen.“

Keuchend schleppte sich der Esel weiter, bis er endlich erschöpft zusammenstürzte.

Vergeblich hieb der Herr auf ihn ein, er war tot. Es blieb nun nichts weiter übrig, als die ganze Last des Esels dem Pferde aufzupacken, und um doch etwas von dem Esel zu retten, zog ihm der Besitzer das Fell ab und legte auch dieses noch dem Pferde oben auf.

Zu spät bereute dieses seine Hartherzigkeit. „Mit leichter Mühe“, so klagte es, „hätte ich dem Esel einen kleinen Teil seiner Last abnehmen und ihn vom Tode retten können. Jetzt muss ich seine ganze Last und dazu noch seine Haut tragen.“

Hilf zeitig, wo du helfen kannst. Hilf dem Nachbarn löschen, ehe das Feuer auch dein Dach ergreift.

Konzentration SEKUNDARSTUFE
Steigerung Schritt für Schritt – Bestell-Nr. 11 699
KOHL VERLAG

2 Unter die Lupe genommen! !

Aufgabe 5: *Suche aus dem Text alle „r/R“ heraus und markiere sie mit einem Marker!*

Es war einmal ein Prinz, der wollte eine Prinzessin heiraten. Aber das sollte eine wirkliche Prinzessin sein. Da reiste er in der ganzen Welt herum, um eine solche zu finden, aber überall fehlte etwas. Prinzessinnen gab es genug, aber ob es wirkliche Prinzessinnen waren, konnte er nie herausfinden. Immer war da etwas, was nicht ganz in Ordnung war. Da kam er wieder nach Hause und war ganz traurig, denn er wollte doch gern eine wirkliche Prinzessin haben.

Eines Abends zog ein furchtbares Wetter auf; es blitzte und donnerte, der Regen stürzte herab, und es war ganz entsetzlich. Da klopfte es an das Stadttor, und der alte König ging hin, um aufzumachen.

Es war eine Prinzessin, die draußen vor dem Tor stand. Aber wie sah sie vom Regen und dem bösen Wetter aus! Das Wasser lief ihr von den Haaren und Kleidern herab, lief in die Schnäbel der Schuhe hinein und zum Absatz wieder hinaus. Sie sagte, dass sie eine wirkliche Prinzessin wäre.

‚Ja, das werden wir schon erfahren!‘ dachte die alte Königin, aber sie sagte nichts, ging in die Schlafkammer hinein, nahm alles Bettzeug ab und legte eine Erbse auf den Boden der Bettstelle. Dann nahm sie zwanzig Matratzen, legte sie auf die Erbse und dann noch zwanzig Eiderdaunendecken oben auf die Matratzen.

Hier sollte nun die Prinzessin die ganze Nacht über liegen.

Am Morgen wurde sie gefragt, wie sie geschlafen hätte.

„Oh, entsetzlich schlecht!“ sagte die Prinzessin. „Ich habe fast die ganze Nacht kein Auge geschlossen! Gott weiß, was in meinem Bett gewesen ist. Ich habe auf etwas Hartem gelegen, sodass ich am ganzen Körper ganz braun und blau bin! Es ist ganz entsetzlich!“

Daran konnte man sehen, dass sie eine wirkliche Prinzessin war, da sie durch die zwanzig Matratzen und die zwanzig Eiderdaunendecken die Erbse gespürt hatte. So feinfühlig konnte niemand sein außer einer echten Prinzessin.

Da nahm sie der Prinz zur Frau, denn nun wusste er, dass er eine wirkliche Prinzessin gefunden hatte. Und die Erbse kam auf die Kunstkammer, wo sie noch zu sehen ist, wenn sie niemand gestohlen hat.

Seht, das war eine wirkliche Geschichte!

2 Unter die Lupe genommen! !

Aufgabe 6: *Suche aus dem Text alle „s/S“ heraus und markiere sie mit einem Marker!*

Ein Fuchs hatte einen Storch zu Gaste gebeten, und setzte die leckersten Speisen vor, aber nur auf ganz flachen Schüsseln, aus denen der Storch mit seinem langen Schnabel nichts fressen konnte. Gierig fraß der Fuchs alles allein, obgleich er den Storch unaufhörlich bat, es sich doch schmecken zu lassen.

Der Storch fand sich betrogen, blieb aber heiter, lobte außerordentlich die Bewirtung und bat seinen Freund auf den andern Tag zu Gaste. Der Fuchs mochte wohl ahnen, dass der Storch sich rächen wollte, und wies die Einladung ab. Der Storch ließ aber nicht nach, ihn zu bitten, und der Fuchs willigte endlich ein.

Als er nun anderen Tages zum Storche kam, fand er alle möglichen Leckerbissen aufgetischt, aber nur in langhalsigen Geschirren. „Folge meinem Beispiele“, rief ihm der Storch zu, „tue, als wenn du zu Hause wärest.“ Und er schlürfte mit seinem Schnabel ebenfalls alles allein, während der Fuchs zu seinem größten Ärger nur das Äußere der Geschirre belecken konnte und nur das Riechen hatte.

Hungrig stand er vom Tische auf und gestand zu, dass ihn der Storch für seinen Mutwillen hinlänglich gestraft habe.

Was du nicht willst, dass man dir tu‘,
Das füg‘ auch keinem anderen zu.

Konzentration SEKUNDARSTUFE – Bestell-Nr. 11 699
Steigerung Schritt für Schritt
KOHL VERLAG

2 Unter die Lupe genommen!

Aufgabe 7: *Suche aus dem Text alle „n“ heraus und markiere sie mit einem Marker!*

Der Personalmangel trifft vor allem die alten Menschen in Deutschland, die die Pflege so dringend brauchen. Aber zunächst die Zahlen: In Alten- und Pflegeheimen werden rund 750.000 Menschen in über 12.000 Einrichtungen stationär gepflegt. Sie können nicht mehr zu Hause leben. 1,85 Millionen Menschen leben zu Hause und werden dort gepflegt, oft von ihrer Familie oder ihrem Ehepartner und unterstützt von ambulanten Pflegediensten.

Hinter den nüchternen Zahlen stecken erschreckende Tatsachen. Denn wenn die Modellrechnungen des Statistischen Bundesamtes stimmen, dann werden im Jahr 2025 rund 152.000 Beschäftigte in Pflegeberufen fehlen. Schon heute mangelt es an 130.000 Pflegekräften. Wegen der fehlenden Pflegekräfte vor allem in Altenheimen müssen die vorhandenen Pflegerinnen und Pfleger mehr arbeiten. Dazu kommt viel Bürokratie und es bleibt zu wenig Zeit, sich wirklich um die Alten zu kümmern. Körperliche und psychische Beschwerden des Pflegepersonals sind häufig. Fast ein Drittel ist burnout-gefährdet. Da immer mehr ältere Menschen auch an Demenz erkranken, verschärft sich das Problem. Denn die Betreuung eines Demenzkranken ist ein 24-Stunden-Job. Im Jahr 2020 werden den Prognosen nach 2,78 Millionen Menschen in Deutschland pflegebedürftig sein.

Quelle: Aus dem Internet.

KOHL VERLAG
Konzentration SEKUNDARSTUFE
Steigerung Schritt für Schritt – Bestell-Nr. 11 699

2 Unter die Lupe genommen! 

Aufgabe 8: *Suche aus dem Text alle „e/E“ heraus und markiere sie mit einem Marker!*

Es war ein Mann, der hatte drei Söhne, davon hieß der jüngste der Dummling, und wurde verachtet und verspottet, und bei jeder Gelegenheit zurückgesetzt. Es geschah, dass der älteste in den Wald gehen wollte, Holz hauen, und eh er ging, gab ihm noch seine Mutter einen schönen feinen Eierkuchen und eine Flasche Wein mit, damit er nicht Hunger und Durst litte. Als er in den Wald kam, begegnete ihm ein altes graues Männlein, das bot ihm einen guten Tag und sprach ‚Überlass mir doch ein Stück Kuchen aus deiner Tasche, und lass mich einen Schluck von deinem Wein trinken, ich bin so hungrig und durstig.‘ Der kluge Sohn aber antwortete ‚geb ich dir meinen Kuchen und meinen Wein, so hab ich selber nichts, pack dich deiner Wege,‘ ließ das Männlein stehen und ging fort. Als er nun anfing einen Baum zu behauen, dauerte es nicht lange, so hieb er fehl, und die Axt fuhr ihm in den Arm, dass er heimgehen und sich verbinden lassen musste. Das war aber von dem grauen Männchen gekommen.

Darauf ging der zweite Sohn in den Wald, und die Mutter gab ihm, wie dem ältesten, einen Eierkuchen und eine Flasche Wein. Dem begegnete gleichfalls das alte graue Männchen und hielt um ein Stückchen Kuchen und einen Trunk Wein an. Aber der zweite Sohn sprach auch ganz verständig ‚was ich dir gebe, das geht mir selber ab, pack dich deiner Wege,‘ ließ das Männlein stehen und ging fort. Die Strafe blieb nicht aus, als er ein paar Hiebe am Baum getan, hieb er sich ins Bein, dass er nach Haus getragen werden musste.

Konzentration SEKUNDARSTUFE – Bestell-Nr. 11 699
Steigerung Schritt für Schritt

3 Schon wieder? - Doppelte Wörter

Aufgabe 1: *Fünf weitere Wörter kommen doppelt vor. Finde sie und kreise sie ein.*

Badesaison Sprungturm Bademeister Badehose

Schnorchel Dusche Baderegeln Muschel Fisch

Sonne Handtuch Seife Klippe Sprungbrett

Luftmatratze Kraul Unwetter Bademeister Sonnenlicht

UV-Strahlen Bademantel Sonnencreme Wettschwimmen

Fisch Schwimmhilfe Taucher Schwimmweste Flossen

Schwimmgürtel Delphin Badeanzug Bikini Floß

Baderegeln Badeschuhe Badekappe DLRG Tauchen

Sonnenlicht Badewetter Himbeereis Badematte Sonne

Wasserball Ferien Federball Brustschwimmen Wurst

Badeleiter Taucherbrille Taucheranzug Gummitier Ente

Floß Taucheruhr Tischtennis Halskette Delphin

KOHL VERLAG
Konzentration SEKUNDARSTUFE
Steigerung Schritt für Schritt – Bestell-Nr. 11 699

3 Schon wieder? - Doppelte Wörter !

Aufgabe 2: *Acht Wörter kommen doppelt vor. Finde sie und kreise sie ein.*

Förster Revier Heide Eichelhäher Platzhirsch

Tanne Knospen Waldrebe Eicheln Wildschwein

Moos Borke Geweih Stutzen Rucksack Revier

Tragegurte Zwölfender Hochsitz Eiche Baummarder

Platzhirsch Büchsenlicht Zweig Waldrebe Ameisen

Jäger Hirschkuh Dachs Geweih Gehölz Losung

Gewölle Uhu Anemone Pflanzung Rothirsch Eiche

Ameisenhaufen Nachtschattengewächs Blatt Baumstamm

Fernglas Motorsäge Gebüsch Buchecker Gewölle

Verbiss Schonung Axt Frischling Ricke Rispen

Laub Blatt Nachtglas Baumstamm Ameisenhaufen

Suhle Bache Frauenschuh Pirol Reisigbündel

Konzentration SEKUNDARSTUFE – Bestell-Nr. 11 699
Steigerung Schritt für Schritt
KOHL VERLAG

3 Schon wieder? - Doppelte Wörter

Aufgabe 3: *Einige Wörter kommen doppelt vor. Finde sie und kreise sie ein.*

Campingplatz Caravan Hering Spannschnur Zelt

Wimpel Zeltstangen Kühlaggregat Klappspaten

Gummihammer Hering Schlafsack Luftmatratze

Klappstuhl Windlicht Toilettenpapier Kulturbeutel

Haken Wimpel Taschenmesser Poncho Dosenravioli

Gasbehälter Laterne Büchsenöffner Campingbett

Decke Spannband Sonnendach Wasserkanister Grill

Vorzelt Kocherschrank Campingtisch Gasbehälter

Flickzeug Campingstühle Taschenlampe Grillanzünder

Blasebalg Rucksack Klappstuhl Abspannleinen Decke

Pfannen Waschmittel Gummistiefel Badeschlappen

Badeanzug Sonnenhut Flickzeug Trainingsanzug

3

Schon wieder? - Doppelte Wörter

Aufgabe 4: *Viele Wörter kommen doppelt vor. Finde sie und kreise sie ein.*

Fußballspiel Schiedsrichter Trikots Fußball Pfeife

Stehplatz Stadionwurst Sitzplatz Anpfiff Hose

Fußballschuhe Trikots Fernsehball Stulpen Elfmeter

Pfiff Foulspiel Tor Abseits Gegner Tormann

Senf Wimpel Schiedsrichter Foul Spieler Abwehr

Fußballtore Eckball Verteidiger Fußballschuhe

Stadion Tor Abwehrverhalten Pass Tribünenplatz

Eintrittskarte Anspiel Abwehr Kickschuhe Beinschoner

Stollen Querschläger Kopfball Handelfmeter Anpfiff

Bierbecher Respekt Strafstoß Eckfahne Sanitäter

Linienrichter Eckball Tragbahre Freistoßspray Stadion

Flutlicht Torrichter Abpfiff Stollen Strafstoß Abseits

Konzentration SEKUNDARSTUFE
Steigerung Schritt für Schritt – Bestell-Nr. 11 699
KOHL VERLAG

4 Verkehrt herum

Aufgabe 1: *Schreibe die Sätze Buchstabe für Buchstabe rückwärts ab. Vergiss den Punkt nicht am Anfang.*

a) Aller Anfang ist schwer.

____

b) Ohne Fleiß kein Preis.

____

c) Früh krümmt sich, was ein Haken werden will.

____

d) Der frühe Vogel fängt den Wurm.

____

e) Was Hänschen nicht lernt, lernt Hans nimmermehr.

____

f) Ein voller Bauch studiert nicht gerne.

____

g) Stöhnen ist die halbe Arbeit.

____

h) Unterricht stört die Vorbereitung.

____

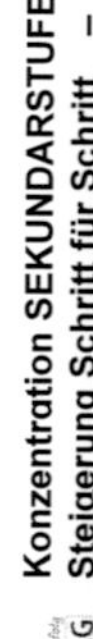

Konzentration SEKUNDARSTUFE
Steigerung Schritt für Schritt – Bestell-Nr. 11 699

4 Verkehrt herum !

Aufgabe 2: *Schreibe die Sätze Buchstabe für Buchstabe rückwärts ab. Vergiss den Punkt am Anfang nicht.*

a) Hier rostet sich ein Schüler zum alten Eisen durch.

____

b) Lehrer ist ein Beruf, Schüler ein Schicksal.

____

c) Schulen sind die größten Phantasiekiller.

____

d) Wer die Schule hat, hat das Land.

____

e) Ohne Unterricht hat der Mensch nicht viel Gewicht.

____

f) Eine gute Schule macht bald eine gute Gemeinde.

____

g) Mit der Schule ist es zum Verrücktwerden.

____

h) Schulen sind Großraumbüros mit lauter Schreimaschinen.

____

KOHL VERLAG Konzentration SEKUNDARSTUFE Steigerung Schritt für Schritt – Bestell-Nr. 11 699

4 Verkehrt herum !

Aufgabe 3: *Schreibe die Sätze Buchstabe für Buchstabe rückwärts ab. Vergiss den Punkt am Anfang nicht.*

a) Mit leerem Kopf nickt es sich leichter.

___

b) Reden ist Silber, Ausreden sind Gold!

___

c) Der Betrunkene sagt, was der Nüchterne denkt.

___

d) Nichts ist umsonst. Selbst der Tod kostet das Leben.

___

e) Frei sein heißt, wählen können, wessen Sklave man ist.

___

f) Fahre nicht schneller als dein Schutzengel fliegen kann.

___

g) Das Wissen verfolgt mich – doch ich bin schneller.

___

h) Folgen Sie mir nicht, ich habe mich auch verfahren.

___

KOHL VERLAG Konzentration SEKUNDARSTUFE Steigerung Schritt für Schritt – Bestell-Nr. 11 699

4 Verkehrt herum ★

Aufgabe 4: *Schreibe die Sätze Buchstabe für Buchstabe rückwärts ab. Vergiss den Punkt am Anfang nicht.*

a) Die Welt ist die wahre Schule, denn da lernt man alles von selbst.

____

b) Ich mag die Schule nicht, in der kein Fehler vorkommt.

____

c) Ein Haus voller Lehrer macht das Leben schwerer.

____

d) Beim Klassentreffen bist du Schüler, auch als Bundeskanzler.

____

e) Rotstifte helfen schwarz zu sehen.

____

f) Eine Schule ist die größte Fehlinvestition.

____

g) Die Schule ist gegenwärtig ein Parkplatz für Kinder.

____

h) Man kann alle zur Schule schicken, aber keinem das Denken beibringen.

____

Konzentration SEKUNDARSTUFE Steigerung Schritt für Schritt – Bestell-Nr. 11 699

4 Verkehrt herum 

Aufgabe 5: *Schreibe die Sätze Buchstabe für Buchstabe rückwärts ab. Vergiss den Punkt am Anfang nicht.*

a) Never stop dreaming.

____

b) Sometimes you miss the memories, not the person.

____

c) Never forget it is a good life.

____

d) Pain is temporary, pride is forever.

____

e) Listen to your heart.

____

f) When nothing goes right – go left.

____

g) Wish you were Beer.

In English, please!

____

____.

h) All good things come to an end.

____.

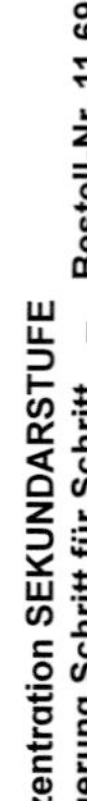

5 Buchstabenrätsel

Aufgabe 1: *In diesem Gitter verbergen sich 20 Begriffe zum Thema „Tauchen“.*
Finde sie und kreise sie ein.
Achtung: Umlaute tauchen als solche auch im Gitter auf.

F	H	Z	U	I	S	A	D	W	E	T	S	D	U	S	A	S	D	F	G
T	F	Z	U	S	J	G	L	K	W	I	A	R	U	A	U	Z	T	R	F
K	I	A	S	D	R	A	A	R	E	N	A	F	U	U	Z	H	U	J	I
H	J	T	R	E	T	G	T	A	R	T	D	T	J	E	O	P	O	L	Ö
G	A	A	T	L	R	T	T	B	F	E	O	K	O	R	A	L	L	E	N
Z	Ü	U	Z	P	S	E	R	B	A	N	F	Ö	Z	S	A	D	Ü	Z	F
U	Ö	C	O	H	U	I	H	E	X	F	G	L	C	T	G	L	S	U	T
U	P	H	K	I	O	B	A	D	D	I	G	K	F	O	A	A	C	F	R
U	L	E	J	N	I	L	G	L	Z	S	H	H	V	F	G	T	H	E	D
J	O	R	D	Z	L	E	A	A	U	C	J	D	G	F	T	T	N	J	E
F	K	M	E	J	Ö	I	G	T	H	H	K	A	B	G	E	R	O	F	S
D	I	A	F	I	Ö	G	T	T	J	O	L	C	H	E	W	A	R	K	W
V	J	S	G	K	Ä	Ü	E	R	O	L	Ö	B	H	R	R	E	C	H	S
N	U	K	Z	O	G	R	W	A	F	P	Z	E	U	Ä	T	L	H	D	X
O	H	E	H	L	H	T	R	E	I	Ö	B	R	J	T	F	G	E	T	U
S	D	F	U	P	G	E	T	L	S	D	L	T	K	H	R	F	L	U	W
H	U	I	J	Ö	D	L	F	G	C	E	A	Z	O	U	J	I	I	H	R
A	S	F	M	O	K	W	R	F	H	E	S	U	L	I	O	K	O	G	A
H	U	B	O	O	T	E	J	I	E	S	E	I	A	K	I	P	K	F	C
C	V	U	J	K	Z	U	O	K	R	A	N	O	G	L	K	I	J	D	K
H	I	U	U	J	U	Z	I	P	U	X	U	P	A	N	K	E	R	V	W
E	G	T	H	Z	B	U	C	K	E	L	W	A	L	T	Z	U	I	B	E
R	E	R	T	Z	H	G	O	I	W	Y	A	S	F	G	Z	U	I	I	F
I	X	C	D	V	F	G	Z	U	A	A	N	K	E	R	A	B	P	F	G
N	P	O	I	U	Z	T	D	S	W	E	R	F	G	H	Z	U	J	L	U
G	R	T	S	E	E	A	N	E	M	O	N	E	S	D	F	G	H	O	H
D	R	X	S	O	I	U	Z	F	F	F	R	N	Z	T	R	F	G	S	K
D	E	A	A	A	E	D	R	D	A	E	D	R	H	U	J	I	K	S	I
R	T	T	A	U	C	H	E	R	E	R	T	Z	H	A	I	Z	U	E	H
A	S	D	F	G	H	J	K	L	O	I	C	V	T	Z	N	M	U	N	L

5 Buchstabenrätsel

<u>Aufgabe 2</u>: *In diesem Gitter verbergen sich 20 Begriffe zum Thema „Zoo“.*
<u>Achtung</u>: Umlaute tauchen als solche auch im Gitter auf.

O	P	A	S	D	F	I	A	D	L	E	R	O	P	A	S	D	F	I	O
U	E	U	W	E	R	Z	U	I	O	P	A	S	D	F	P	A	S	D	F
J	D	H	D	F	G	H	J	H	J	K	L	M	N	V	K	L	M	N	V
A	I	O	G	O	G	E	P	A	R	D	D	H	A	A	J	K	K	K	B
G	U	I	R	N	N	X	Z	G	Z	B	E	R	H	U	G	H	J	O	R
B	G	G	I	T	G	Z	K	R	O	K	O	D	I	L	J	G	F	L	V
I	I	H	Z	C	S	W	A	S	D	R	E	R	T	U	J	I	U	I	E
I	R	N	Z	W	D	E	R	F	T	R	T	Z	U	L	Ö	W	E	B	Z
C	A	M	L	S	S	Z	D	U	U	A	S	D	F	R	T	Z	U	R	O
I	F	N	Y	X	D	H	A	A	H	E	R	A	S	A	S	D	F	I	O
K	F	N	U	F	A	U	L	T	I	E	R	O	P	A	S	D	F	O	O
D	E	L	K	J	G	F	T	G	H	N	A	S	H	O	R	N	U	T	T
G	S	H	U	J	I	U	G	R	E	R	T	S	W	A	S	D	J	K	K
G	E	L	E	F	A	N	T	R	T	Z	U	D	E	R	F	T	K	R	R
E	G	E	Z	I	W	J	D	H	S	D	F	S	Z	D	U	U	O	O	O
T	B	D	H	J	S	N	C	B	R	A	S	D	H	A	A	H	B	T	T
S	S	S	C	H	N	E	E	L	E	O	P	A	R	D	I	K	R	K	K
E	W	A	S	D	F	G	H	J	K	L	N	U	I	G	T	M	A	R	R
G	E	Z	I	W	J	D	H	D	F	G	H	J	H	J	K	L	M	N	V
R	T	S	D	S	E	R	D	M	Ä	N	N	C	H	E	N	N	M	I	P
F	I	O	K	M	I	J	N	U	H	B	Z	G	V	T	F	C	R	H	I
G	G	S	D	S	G	N	U	R	T	Z	U	I	O	M	N	B	H	K	N
E	E	F	B	E	V	E	T	F	G	H	J	N	M	K	O	D	R	J	G
E	R	V	T	D	T	D	R	E	R	T	G	H	J	N	M	C	V	M	U
E	A	S	B	G	S	C	H	N	A	B	E	L	T	I	E	R	S	N	I
W	E	R	T	Z	U	I	O	P	A	S	D	F	G	H	J	K	K	L	N
H	E	D	R	F	T	G	Z	S	E	E	L	Ö	W	E	T	Z	H	U	J
W	E	R	T	Z	U	I	O	P	A	S	D	F	G	H	J	K	K	L	O
E	F	G	H	H	Y	Ä	N	E	U	I	O	E	I	S	B	Ä	R	O	K
S	T	Q	W	E	F	T	Z	U	I	O	P	P	A	D	S	G	P	O	I

KOHL VERLAG Konzentration SEKUNDARSTUFE – Steigerung Schritt für Schritt – Bestell-Nr. 11 699

5 Buchstabenrätsel !

Aufgabe 3: *In diesem Gitter verbergen sich 20 Begriffe zum Thema „Autorennen“. Finde sie und kreise sie ein.*
Achtung: Umlaute tauchen als solche auch im Gitter auf.

Z	W	I	S	C	H	E	N	Z	E	I	T	S	A	D	D	F	G	G	H
W	D	D	O	F	G	H	J	R	Ü	Ö	J	G	L	E	R	T	Z	B	F
R	Ü	Ö	J	G	L	U	B	R	E	M	S	E	N	F	D	S	I	E	I
G	T	R	F	H	A	G	F	H	U	G	G	F	H	Ü	L	T	I	N	J
T	T	E	F	G	G	I	T	F	H	K	I	T	F	B	A	R	F	Z	A
E	R	N	E	Z	R	I	K	I	K	P	I	K	I	E	T	A	F	I	Ü
W	A	N	D	U	E	F	H	J	U	A	F	H	J	R	T	F	E	N	Ö
R	E	E	R	U	G	F	G	A	R	D	F	G	A	H	R	M	D	U	P
T	L	N	F	U	E	E	Z	Ü	V	W	E	Z	Ü	O	A	I	F	U	L
F	G	A	T	J	N	D	U	Ö	E	S	D	U	Ö	L	E	N	T	J	O
R	F	C	G	F	R	R	U	P	N	A	R	U	P	V	L	U	G	F	K
S	F	K	W	D	E	F	U	L	Ü	A	F	U	L	O	G	T	W	D	I
P	R	A	S	V	I	T	J	O	P	D	T	J	O	R	F	E	S	V	J
O	A	T	D	N	F	P	A	B	R	I	E	B	K	G	I	N	D	N	U
I	E	R	X	O	E	F	R	T	Z	Ü	W	D	I	A	K	K	X	O	H
L	A	K	Y	L	N	B	D	U	A	E	R	T	F	N	P	I	Y	L	Z
E	R	U	J	U	W	E	R	D	F	G	T	Z	F	G	I	J	T	Ö	G
R	A	R	A	B	C	D	E	F	B	O	X	E	N	G	A	S	S	E	T
F	R	S	I	L	T	G	W	E	I	G	Z	U	U	I	R	T	G	H	F
I	J	A	S	D	F	G	B	H	U	M	O	N	T	E	U	R	F	G	K
M	A	M	P	E	L	J	U	W	E	R	D	F	G	T	Z	F	G	H	R
M	K	I	Z	F	T	R	I	B	Ü	N	E	R	E	T	Z	U	F	D	D
U	J	U	G	E	R	T	Z	U	I	O	P	P	Ä	Ä	Ü	L	K	J	E
E	R	F	G	T	R	E	N	N	F	A	H	R	E	R	Ü	L	O	K	S
U	J	U	G	E	R	T	Z	U	I	O	P	P	Ä	Ä	Ü	L	K	J	W
Ü	P	A	U	S	E	U	J	N	H	Z	G	B	V	F	R	F	R	Ü	S
H	J	K	I	U	Z	R	F	N	Ü	R	B	U	R	G	R	I	N	G	X
Z	H	F	Ö	Z	U	S	E	R	T	A	S	E	R	X	V	B	H	U	D
D	R	X	S	O	I	F	U	N	K	E	R	R	T	H	J	N	I	U	C
D	E	A	A	A	E	D	R	D	A	E	D	R	R	E	I	F	E	N	F

Konzentration SEKUNDARSTUFE
Steigerung Schritt für Schritt – Bestell-Nr. 11 699
KOHL VERLAG

5 Buchstabenrätsel

Aufgabe 4: *In diesem Gitter verbergen sich 20 Begriffe zum Thema „Weltall".*
Achtung: 6 Begriffe sind waagerecht rückwärts versteckt.
Die anderen 14 Worte sind sowohl waagerecht, als auch senkrecht notiert.

A	D	N	O	M	U	E	U	W	E	R	Z	U	I	O	P	A	S	D	F
G	E	Z	I	W	J	D	H	D	F	G	H	J	H	J	K	L	M	N	V
B	D	H	J	S	N	C	B	E	R	S	A	T	E	L	L	I	T	D	F
I	C	N	N	X	Z	G	Z	B	E	R	H	U	J	U	P	I	T	E	R
I	R	U	K	R	H	Y	G	S	A	T	U	R	N	E	R	T	Z	U	B
C	F	J	E	F	B	E	V	E	T	F	G	H	J	N	M	K	O	D	R
I	V	M	R	V	T	D	T	D	R	E	R	T	G	H	J	N	M	C	V
K	T	I	D	T	G	G	F	N	A	H	B	F	U	A	L	M	U	W	E
D	G	K	E	G	V	A	C	S	W	A	S	D	E	R	E	R	T	U	Z
G	B	O	U	B	R	L	W	D	E	R	F	T	S	R	T	Z	U	I	O
G	Z	L	M	Z	F	A	S	S	Z	D	U	U	O	A	S	D	F	I	O
E	H	Z	E	H	V	X	X	D	H	A	A	H	N	E	R	A	S	O	O
T	N	H	R	N	E	I	R	S	D	D	R	H	N	B	N	U	I	G	T
S	U	N	K	M	C	E	E	E	F	F	T	U	E	S	T	E	C	T	K
F	B	U	U	O	K	M	I	J	N	U	H	B	Z	G	V	T	F	C	R
R	K	O	R	O	O	O	O	E	S	S	A	R	T	S	H	C	L	I	M
F	O	W	S	X	E	D	C	R	F	V	T	G	B	Z	H	N	U	J	M
G	M	O	T	U	K	S	C	H	W	E	I	F	K	L	M	N	B	H	K
E	E	P	O	I	U	Z	T	R	E	W	A	S	D	F	G	H	J	K	L
E	T	E	E	T	E	K	A	R	E	A	S	B	L	L	A	A	G	U	H
H	E	D	R	F	T	G	Z	E	R	D	A	N	Z	I	E	H	U	N	G
A	U	T	U	S	U	N	E	V	V	V	E	R	Z	Z	U	I	R	E	D
I	S	D	D	F	G	G	F	G	A	S	T	R	O	N	A	U	T	A	U
W	E	R	T	Z	U	I	O	P	A	S	D	F	G	H	J	K	K	L	O
J	D	P	F	E	E	E	R	T	R	A	B	A	N	T	G	H	J	K	L
B	H	L	A	S	D	F	X	C	V	B	N	M	L	K	J	G	F	D	S
K	F	A	W	E	F	A	E	D	R	E	T	Z	H	U	J	I	U	J	N
E	R	N	T	Z	U	I	U	R	A	N	U	S	D	F	G	T	H	N	J
L	S	E	F	G	X	C	V	B	N	M	F	G	H	J	K	L	H	G	F
M	N	T	S	T	Q	W	E	F	T	Z	U	I	O	P	P	A	D	S	G

KOHL VERLAG
Konzentration SEKUNDARSTUFE
Steigerung Schritt für Schritt – Bestell-Nr. 11 699

5 Buchstabenrätsel ★★

Aufgabe 5: *In diesem Gitter verbergen sich 20 Begriffe zum Thema „Indianer". Finde sie und kreise sie ein.*
Achtung: Umlaute tauchen als solche auch im Gitter auf.

W	E	E	S	Q	U	A	W	E	R	D	S	A	D	D	F	G	G	F	H
W	D	D	O	F	G	H	J	R	Ü	Ö	J	G	L	T	C	K	I	T	F
W	Z	D	P	J	Ä	G	E	R	E	R	R	A	A	O	O	P	I	K	I
R	H	D	O	E	R	E	D	S	A	F	T	G	T	M	S	A	F	H	J
T	W	I	L	D	P	F	E	R	D	E	R	T	T	A	A	D	F	G	A
Z	H	F	Ö	Z	U	S	E	R	T	A	S	E	R	H	M	W	E	Z	Ü
U	S	G	L	C	U	T	A	E	R	T	T	W	A	A	A	S	D	U	Ö
I	K	G	K	F	H	G	S	T	I	P	I	R	E	W	R	A	R	U	P
O	A	H	H	V	I	B	D	U	A	E	R	T	L	K	T	A	F	U	L
P	L	J	D	G	N	U	F	Z	A	S	D	F	G	H	E	D	T	J	O
Ü	P	K	A	B	D	J	G	H	U	Z	T	R	F	G	R	F	G	F	K
D	Z	L	C	H	I	N	U	Ä	Z	H	U	J	I	K	P	Ü	W	D	I
E	J	Ö	B	H	A	I	H	U	P	Ö	L	O	K	I	F	R	S	V	J
F	I	Ö	B	J	N	K	J	P	T	R	P	I	P	A	A	F	D	N	U
G	K	Ä	I	N	E	M	K	T	G	T	F	K	I	R	H	F	X	O	H
Z	O	G	S	J	R	R	K	L	Z	G	E	O	I	T	L	G	Y	L	Z
H	L	H	O	N	U	T	L	I	H	Z	I	Z	U	H	E	G	T	Ö	G
U	P	G	N	J	H	Z	Z	N	U	H	L	T	M	A	N	I	T	U	T
J	Ö	D	U	M	B	U	Ö	G	J	U	W	E	R	D	F	G	T	Z	F
M	O	K	A	S	S	I	N	S	I	J	A	S	D	F	G	B	H	U	T
I	L	T	G	W	E	I	G	Z	U	U	I	P	R	Ä	R	I	E	F	R
J	K	Z	T	D	S	T	A	M	M	Y	X	C	V	B	N	M	W	E	D
U	J	U	G	E	R	T	Z	U	I	O	P	P	Ä	Ä	Ü	L	K	J	E
I	H	B	I	R	K	E	N	R	I	N	D	E	N	K	A	N	U	F	S
O	G	A	G	W	E	D	F	G	T	R	E	C	V	B	H	N	J	K	W
K	F	S	T	T	Z	U	I	W	I	G	W	A	M	E	F	T	G	H	S
J	B	O	G	E	N	U	J	N	H	Z	G	B	V	F	R	F	R	D	X
G	F	S	A	O	F	R	I	E	D	E	N	S	P	F	E	I	F	E	D
D	R	X	S	O	I	U	Z	F	F	F	R	N	S	I	O	U	X	A	C
D	E	A	A	A	E	D	R	D	A	E	D	R	F	T	I	O	U	A	F

6 Wo denn? - Versteckte Wörter !

Aufgabe 1: *In manchen Wörtern sind Zahlen versteckt. Markiere sie.*

Gestern wollte ich eine Rundreise um den Bodensee mit meinem Hund „Einstein" machen. Es herrschte zwischen mir und meinem Hund die Übereinstimmung, dass er lief und ich auf meinem Rad fuhr. Durch sehr waldreiches Gebiet führte unser Weg von Radolfzell nach Ludwigshafen. Wahrscheinlich war es auch ein sehr wildreiches Revier durch das wir kamen. Unsere Gemeinschaft wurde auf eine sehr harte Probe gestellt, als wir einen Sechsender sahen, der sein Mütchen an einem Weidezaunpfosten kühlte. „Einstein", der erst friedlich neben meinem Fahrrad lief, war sofort aktiviert. Er lief auf den Hirsch zu, verbellte ihn, und rannte ihm nach.
Er verpasste dadurch den Abzweig nach Ludwigshafen. Ich bezweifelte nicht, dass er mich finden würde und radelte weiter. Ich war schon längst in Ludwigshafen aber keine Spur von meinem Hund. Ich stärkte mich erst mal mit Maultaschen und Kartoffelsalat. Nachdem ich gegessen hatte ging ich nachmittags in den Hafen und schaute zu, wie ein Frachtschiff beladen wurde. Mein Hund kam und kam nicht.
Ich setzte mich auf eine Bank und überlegte. Leise Klänge eines Klaviers wurden zu mir herüber geweht. Ich war mit mir uneins, ob ich nicht besser zurückradeln sollte. Ich fühlte mich einsam. Inzwischen war die Nacht hereingebrochen.
Ich fuhr zurück. Schon von weitem sah ich „Einstein" am Abzweig sitzen. Er wedelte mit dem Schwanz tvor Freude. Aus unserer geplanten Rundreise ist zwar nichts geworden, aber ich war glücklich, dass ich „Einstein" wieder hatte. Zuhause angekommen, schlüpfte ich in mein Nachthemd und war sofort eingeschlafen.

Quelle: Hans Peter Pauly

Konzentration SEKUNDARSTUFE Steigerung Schritt für Schritt – Bestell-Nr. 11 699
KOHL VERLAG Lernen mit Erfolg

6 Wo denn? - Versteckte Wörter 

Aufgabe 2: *In einigen Wörtern sind unterschiedliche Tiere versteckt (insgesamt 29). Finde sie und schreibe die Zeile und das Tier in dein Heft.*

Ein mächtiger, bärtiger Kerl – er kam aus Eberswalde und bestieg den nächstbesten Zug. Was für einen Schund führte er mit sich. Den Revolver hatte er von seiner Zeit beim Militär. Er wollte möglichst weit weg. Er merkte, dass eine neue Phase in seinem Leben angebrochen war. Er kam bis Wolfsburg. Am selben Tag war er schon ganz schön weit gekommen, stellte er fest. In der Bahnhofshalle traf er einen Tauben, der gar nicht tapfer dagegen hielt, als er ihn wieder und wieder tyrannisierte. Der Behinderte fing an zu heulen.

In diesem Moment entließ der gemeine Kerl aus dem Zug sein Opfer. Er zog seine Waffe und ging in eine nahegelegene Metzgerei herein. Er verschaffte sich gewaltsam Zutritt und drehte dort eine Verkäuferin um 180 Grad um. Sie wehrte sich so gut sie konnte und ihre kleinen Fäuste prasselten auf ihn nieder, sodass er bei diesem „Tänzchen“ sogar sein nicht mehr so sauberes Taschentuch verlor. Er aber war wie im Rausch. Er spielte munter die Dampfwalze, brach die Portokasse auf und warf das Geld herum. Als er endlich damit fertig war, war auch die Polizei schon da, verhaftete ihn und brachte ihn weg.

7 Hoppla!

Aufgabe 1: *Einige Buchstaben wurden vergessen. Findest du trotzdem die Wörter?*

B_lle → ____________________

Verschl_ss → ____________________

Gele_k → ____________________

Schla___ → ____________________

Stu____e → ____________________

Ries__ → ____________________

W__ack → ____________________

P___rk → ____________________

Pfa___ → ____________________

___ild → ____________________

Farbb__ild → ____________________

Enttäu___chung → ____________________

Küs___e → ____________________

si_gen → ____________________

K_fig → ____________________

Pro_ent → ____________________

Sche____ne → ____________________

Pflast___r → ____________________

S___hrift → ____________________

Freihe__t → ____________________

Un__eheuer → ____________________

___ampf → ____________________

Nä___e → ____________________

P___laume → ____________________

Jah___ → ____________________

___eckel → ____________________

Konzentration SEKUNDARSTUFE
Steigerung Schritt für Schritt ▪ Bestell-Nr. 11 699
KOHL VERLAG

7

Hoppla!

Aufgabe 2: *Einige Buchstaben wurden vertauscht. Findest du trotzdem die Wörter?*

gßeieenn → ______________	wenien → ______________
btielzn → ______________	vaelrscghon → ______________
tscäuhen → ______________	buhpaeetn → ______________
vresuehcn → ______________	iefpmn → ______________
höern → ______________	asrehuun → ______________
fllaen → ______________	pklfcüen → ______________
zukescten → ______________	whucren → ______________
wnehärd → ______________	liehct → ______________
deucitlh → ______________	wruam → ______________
wesio → ______________	wdubanerr → ______________
bsseer → ______________	wiceh → ______________
sehicf → ______________	gsütnig → ______________

Konzentration SEKUNDARSTUFE – Bestell-Nr. 11 699
Steigerung Schritt für Schritt
KOHL VERLAG

7 Hoppla! !

Aufgabe 3: *Einige Buchstaben wurden vertauscht. Findest du trotzdem die Wörter?*

Eanfpmg → ______________________

lemkr → ______________________

Acihbst → ______________________

Kosik → ______________________

Msseer → ______________________

Akenr → ______________________

Kmapf → ______________________

Leblile → ______________________

Qaruk → ______________________

Beseennnsrl → ______________________

fdnien → ______________________

vsekheerncn → ______________________

pelegfn → ______________________

Kzelanr → ______________________

Fraibk → ______________________

Kruez → ______________________

Keuäfr → ______________________

Sctnuzhäg → ______________________

Muisk → ______________________

Sruäe → ______________________

Gfarfie → ______________________

Kvrue → ______________________

Pnzroet → ______________________

gearbn → ______________________

saegn → ______________________

fülehn → ______________________

Konzentration SEKUNDARSTUFE
Steigerung Schritt für Schritt – Bestell-Nr. 11 699
KOHL VERLAG

7 Hoppla! ★

Aufgabe 4: *Einige Buchstaben wurden vertauscht. Findest du trotzdem die Wörter?*

natgiev → ______________________

swhcer → ______________________

grßiotrag → ______________________

üelregebn→ ______________________

feiilßg → ______________________

giärfßeg → ______________________

slnhcel → ______________________

ferdilcih → ______________________

reigig → ______________________

unshlcuidg → ______________________

Fotänne → ______________________

Loikten → ______________________

kfepmän → ______________________

villecieht → ______________________

asnweiudg → ______________________

Ghcseit → ______________________

Gruäsceh → ______________________

Aeckr → ______________________

Abiret → ______________________

Trworat → ______________________

Isätig → ______________________

Azggnueeue → ______________________

Pzüfte → ______________________

worvtell → ______________________

KOHL VERLAG Konzentration SEKUNDARSTUFE Steigerung Schritt für Schritt – Bestell-Nr. 11 699

8 Wortbrücken

Aufgabe 1: *In jeder Zeile ist die Lücke mit einem Wort zu füllen. Dieses mittlere Wort soll sowohl mit dem Wort davor, als auch mit dem Wort dahinter, ein neues sinnvolles Wort ergeben.*

MÜLL ______________________ GRIFF

LICHTER ______________________ PANZER

ZAUBER ______________________ TRICK

FEUER ______________________ SPROSSE

BERG ______________________ SCHEIN

SITZ ______________________ KONTO

RAD ______________________ GABELUNG

DACH ______________________ HERSTELLER

PFERDE ______________________ BESITZER

LAMPEN ______________________ STÄNDER

FUSS ______________________ SPORT

TINTEN ______________________ MARKT

Konzentration SEKUNDARSTUFE – Steigerung Schritt für Schritt – Bestell-Nr. 11 699
KOHL VERLAG

8 Wortbrücken !

Aufgabe 2: *In jeder Zeile ist die Lücke mit einem Wort zu füllen. Dieses mittlere Wort soll sowohl mit dem Wort davor, als auch mit dem Wort dahinter, ein neues sinnvolles Wort ergeben.*

SCHÄFCHEN ____________________ MEER

STREICHHOLZ ____________________ BODEN

BOOTS ____________________ SCHEIN

STRICK ____________________ BAUM

GERICHTS ____________________ ZEICHEN

COMPUTER ____________________ RAHMEN

GLAS ____________________ TÜR

LAGER ____________________ SCHLÜSSEL

NOTIZ ____________________ SEITE

SCHILDER ____________________ BEWOHNER

SALZ ____________________ TROPFEN

Konzentration SEKUNDARSTUFE – Bestell-Nr. 11 699
Steigerung Schritt für Schritt
KOHL VERLAG

8 Wortbrücken 

Aufgabe 3: *In jeder Zeile ist die Lücke mit einem Wort zu füllen. Dieses mittlere Wort soll sowohl mit dem Wort davor, als auch mit dem Wort dahinter, ein neues sinnvolles Wort ergeben.*

TRAKTOR ______________________ KUPPLUNG

BALKON ______________________ BEET

BUCH ______________________ ZAHL

SAFT ______________________ LUPE

SCHREIBTISCH ______________________ PFLEGE

TASCHEN ______________________ STAHL

WASSER ______________________ SPIEL

HOTEL ______________________ SERVICE

NOTIZ ______________________ BOX

WASSER ______________________ HÖHE

TENNIS ______________________ JUNGE

FEUERWEHR ______________________ REIFEN

KOHL VERLAG
Konzentration SEKUNDARSTUFE
Steigerung Schritt für Schritt – Bestell-Nr. 11 699

8 Wortbrücken

Aufgabe 4: *In jeder Zeile ist die Lücke mit einem Wort zu füllen. Dieses mittlere Wort soll sowohl mit dem Wort davor, als auch mit dem Wort dahinter, ein neues sinnvolles Wort ergeben.*

FLUSS ______________________ GESTELL

KARTEN ______________________ SPIELER

KORDEL ______________________ SPIEL

HEIZUNGS ______________________ DIENST

WASSER ______________________ STAND

SCHLAG ______________________ BUND

MEER ______________________ REUSE

FABRIK ______________________ FEGER

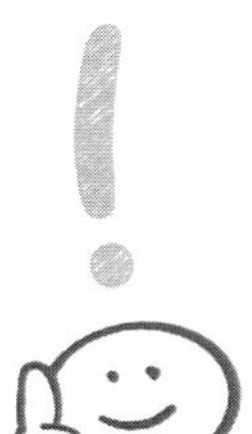

UHREN ______________________ KIEL

HOCKER ______________________ HAUS

SING ______________________ BAUER

Konzentration SEKUNDARSTUFE
Steigerung Schritt für Schritt – Bestell-Nr. 11 699
KOHL VERLAG

9 Präg's dir ein!

Aufgabe 1: *Präge dir die erste Einkaufsliste drei Minuten lang ein und decke sie danach ab. Schreibe danach alle Punkte auf, die auf der Einkaufsliste standen. Wenn du die verschiedenen Dinge zu einer Geschichte verbindest, kannst du dir die einzelnen Dinge besser merken.*

4 Fitness-Brötchen
1Schokolade
2 Deodorants
Zahnpasta
1 Haar-Gel
1 Küchenrolle
Toilettenpapier

9 Brötchen
1Liter Milch
1 Sauerrahm
Bergkäse
1 kg Kartoffel
500 g Zwiebeln
Streukäse

2 Brezeln
Schokoriegel
Seife
Bio-Hackfleisch
Apfelschorle
Räucheraal
Würstchen
1 kg Mehl

2 Brötchen
Kekse
Brot
Pfeffer
12 Bier
Thunfischsalat
12 Eier
1 Liter Essig

3 Unterhosen
2 Paar Schuhe
1 Paar Strümpfe
2 Jeans
2 T-Shirts
Schal
1 Mütze
1Paar Ohrwärmer

2 Deodorants
1 Zahnpasta
1 Zahnseide
Mundwasser
1 Zahnbürste
1 Eau de Toilette
Rasierschaum
1 Rasierwasser

Konzentration SEKUNDARSTUFE
Steigerung Schritt für Schritt – Bestell-Nr. 11 699
KOHL VERLAG

9 Präg's dir ein! !

Aufgabe 2: *Präge dir die Position der einzelnen Buchstaben gut ein.*
Du merkst dir also bei STRASSENBAHN 1=S, 2=T, 3=R, 4=A usw.

1	2	3	4	5	6	7	8	9	10	11	12
S	T	R	A	S	S	E	N	B	A	H	N

a) 9, 4, 5, 7 ____________

b) 9, 3, 4, 5, 6, 7 ____________

c) 4, 11, 8 ____________

d) 3, 4, 5, 7, 8 ____________

e) 4, 8 ____________

f) 3, 4, 5, 6, 7 ____________

g) 12, 10, 5, 7 ____________

h) 9, 4, 11, 12 ____________

i) 2, 3, 4, 5, 6, 7 ____________

Aufgabe 3: *Präge dir die Position der einzelnen Buchstaben gut ein.*
Du merkst dir also bei WASSERFALL 1=W, 2=A, 3=S, 4=S usw.

1	2	3	4	5	6	7	8	9	10
W	A	S	S	E	R	F	A	L	L

a) 2, 3, 4 ____________

b) 1, 5, 6 ____________

c) 1, 2, 6 ____________

d) 7, 8, 3, 4 ____________

e) 5, 6 ____________

f) 8, 9, 10 ____________

g) 3, 2, 8, 9 ____________

h) 7, 5, 9, 10 ____________

i) 6, 8, 3, 4, 5, 10 ____________

Konzentration SEKUNDARSTUFE – Bestell-Nr. 11 699
Steigerung Schritt für Schritt
KOHL VERLAG

10 Wort & Zahl

Aufgabe 1: *a) Welches Wort hat sich hier versteckt? **Tipp**: Es ist eine Fischart*

____

b) Welche Zahl ergibt sich, wenn man alle Zahlen zusammenzählt?

____

5
3
F
K
N
2
12
8
4
P
11
E
1
9
R
A

Konzentration SEKUNDARSTUFE – Steigerung Schritt für Schritt – Bestell-Nr. 11 698
KOHL VERLAG

10 Wort & Zahl !

Aufgabe 2: *a) Welches Wort hat sich hier versteckt?*

____

b) Welche Zahl ergibt sich, wenn man alle Zahlen zusammenzählt?

____

1 N
6 G
P
9
8
2
4
I 3 N
6
11 I
U

KOHL VERLAG Konzentration SEKUNDARSTUFE Steigerung Schritt für Schritt – Bestell-Nr. 11 699

11 Alles rund um Zahlen 

Aufgabe 1: *Streiche alle Zahlen, die durch 3 oder 5 teilbar sind.*

1	2	3	4
5	6	7	8
9	10	11	12
13	14	15	16
17	18	19	20
21	22	23	24
25	26	27	28
29	30	31	32
33	34	35	36
37	38	39	40

Konzentration SEKUNDARSTUFE
Steigerung Schritt für Schritt – Bestell-Nr. 11 699
KOHL VERLAG

11 Alles rund um Zahlen !

Aufgabe 2: *Suche in jeder Zeile sorgfältig nach der fettgedruckten Zahl. Sie ist immer viermal versteckt. Unterstreiche die gefundenen Zahlen!*

4329 44292943294293432923494328432945675239432925432829432 7

1671 1682167171616784167116721673167161616711761971271226 71

1122 221112311221234125611341122234512221123112213451122123

4890 4980904891489044904590489049804890444440894848904 09040

3421 34342121343214342131244213342121213412342112433214 2121

4469 4470694469336943694469440694569446944686944044 69434369

3456 34573456325634783456456334583456356734593456345 3453457

5278 52795734527856345676527856725678578527856735278 5378568

2525 26252535352545252524252625252524252554252122252 1252625

2167 21562172216721342167213423672167216121682167216 5216467

4531 45454145314567453245314534534532453145324532453 1314534

1579 15781574157915781578157979151579157815771579167 9153579

4789 47804784784789457847894784784789478478478947878 8927898

5189 51885189418951851895184551895185181895180518518 9516951

3039 30303339303930330383039303003930393030303930333 03603930

1618 15181618151816116181681161618181616811681611816 1818168

KOHL VERLAG Konzentration SEKUNDARSTUFE Steigerung Schritt für Schritt – Bestell-Nr. 11 699

11 Alles rund um Zahlen ★

Aufgabe 3: *Ersetze die fehlenden Rechenzeichen, sodass du immer auf 10 kommst.*

1	1	2	3	1	4	5	3	2	= 10
3	3	2	1	3	3	1	3	1	= 10
8	3	5	3	1	1	4	2	3	= 10
2	3	3	2	4	3	2	3	4	= 10
9	3	6	4	7	2	1	1	5	= 10
4	3	2	2	5	1	2	3	6	= 10
6	1	4	2	4	2	3	6	2	= 10
1	2	3	4	5	4	3	4	8	= 10
7	5	3	1	2	3	4	1	2	= 10
3	4	5	6	2	1	2	4	7	= 10
5	5	5	1	2	3	4	2	3	= 10
3	2	3	4	5	1	2	4	4	= 10

1 ⊙ Wo sind die Vokale hin? 6

Immer wieder erzählt und immer wieder gern gehört - die Geschichte vom Skorpion und der Schildkröte.

Es begab sich, dass ein Skorpion einen Fluss überqueren musste. Am Ufer saß eine Schildkröte und sonnte sich. Der Skorpion ging zur Schildkröte und fragte sie, ob sie ihn über den Fluss bringen könne. „Nein", sagte die Schildkröte, „mitten im Fluss stichst du mich und ich muss sterben. Ich werde dich nicht über diesen Fluss bringen!" „Aber wenn ich dich steche, sterbe ich doch auch." Ja, dachte die Schildkröte und ließ den Skorpion auf ihren Rücken steigen. Mitten im Fluss angekommen, stach der Skorpion die Schildkröte in den Hals.
„Warum hast du das nur getan?", fragte die Schildkröte mit zitternder Stimme. „Jetzt sterben wir doch beide." „Es liegt in meiner Natur, liebe Schildkröte, es liegt in meiner Natur..."

1 ! Wo sind die Vokale hin? 7

Über Stärke, Festigkeit und Ruhe stritten sich ein Schilfrohr und ein Ölbaum. Das Rohr, welches von dem Ölbaum darob getadelt ward, dass es aller Stärke entbehre und leicht von allen Winden hin und her bewegt werde, schwieg und sagte kein Wort. Nach einer kleinen Weile erhob sich ein heftiger Sturm; das hin und her geschüttelte Rohr hatte den Windstößen nachgegeben und blieb unbeschädigt, der Ölbaum dagegen, welcher sich den Winden entgegengestemmt hatte, wurde durch deren Gewalt gebrochen.

12 Lösungen

2 ⊙ Unter die Lupe genommen! 8

Es w**a**r ger**a**de nicht der Teufel selbst, **a**ber mindestens ein ebenso gesinnter und verschmitzter Geist, der sich zur Lebens**a**ufg**a**be gesetzt h**a**tte, **a**ndere Leute stets zu schik**a**nieren und **a**llenth**a**lben Unglück **a**nzurichten.
Er ging einst **a**m freundlichen Ufer des Huronsees sp**a**zieren und s**a**h eine Menge lustiger Enten vor sich **a**uf dem W**a**sser herumsegeln und sich köstlich n**a**ch Enten**a**rt **a**müsieren. „**A**ch“, rief er ihnen zu, „d**a**s freut mich doch übermenschlich, d**a**ss ihr lieben Enten so schön vergnügt und heiter seid; kommt doch **a**uch einm**a**l mit mir in meine Hütte, d**a**mit ich euch einen neuen schönen T**a**nz lehren k**a**nn, den jetzt die Seelen im Himmel t**a**nzen.“
Einige bej**a**hrtere Schn**a**tterer schüttelten bedenklich die Köpfe d**a**zu und wisperten: „L**a**sst uns nicht hingehen; denn d**a**s ist Men**a**buscho, der Übeltäter.“
Doch die jüngeren w**a**ren **a**nderer Meinung; der schöne M**a**nn spr**a**ch j**a** so freundlich und liebevoll, d**a**ss es eine w**a**hre Ungezogenheit gewesen wäre, wenn sie sich so k**a**lt gegen ihn benommen hätten. Sie steuerten **a**lso d**a**s L**a**nd **a**n, und die **a**nderen folgten d**a**nn **a**uch.

2 ⊙ Unter die Lupe genommen! 9

Längst haben sich Trendforscher **m**it de**m** The**m**a Nahrung und Essen beschäftigt - **m**it einigen interessanten Entwicklungen für die ko**mm**enden Jahre. Die Deutschen entsorgen jedes Jahr 20 **M**illionen Tonnen Lebens**m**ittel. **M**it den Abfällen Europas könnte **m**an alle Hungernden der Erde zwei**m**al ernähren, schreiben Stefan Kreutzberger und Valentin Thurn in ihre**m** Buch „Die Essensvernichter“. Das The**m**a wird in allen **M**edien heiß diskutiert. Und dann fassen die **M**enschen besonders gerne zu Beginn eines neuen Jahres gute Vorsätze. Einer davon heißt „gesünder und bewusster essen, vor alle**m** weniger Fleisch“. Selbstge**m**achtes wird i**mm**er wichtiger. Denn die vielen **m**eist unbekannten Zusatzstoffe und vor alle**m** viel zu viel Zucker führen dazu, dass Frauen wie **M**änner Selbstgekochtes schätzen.
Das **M**indesthaltbarkeitsdatu**m** steht auf allen Lebens**m**ittelverpackungen. Die **m**eisten **M**enschen werfen Nahrungs**m**ittel weg,
wenn das Datu**m** überschritten ist. Doch sehr viele Lebens**m**ittel halten viel länger. Ein wissenschaftlicher Test zeigte, dass ein Joghurt, bei de**m** über ein Jahr das **M**indesthaltbarkeitsdatu**m** abgelaufen war, keine gesundheitsschädlichen Kei**m**e enthielt. Bei der intakten Verpackung haben sich gar keine Kei**m**e gebildet.

2 ⊙ Unter die Lupe genommen! 10

Ein Esel **u**nd ein F**u**chs lebten lange fre**u**ndschaftlich z**u**sammen **u**nd gingen a**u**ch miteinander auf die Jagd. A**u**f einem ihrer Streifzüge kam ihnen ein Löwe so plötzlich in den Weg, dass der F**u**chs fürchtete, er könne nicht mehr entfliehen. Da nahm er z**u** einer List seine Z**u**fl**u**cht. Mit erkünstelter Fre**u**ndlichkeit sprach er z**u**m Löwen:
„Ich fürchte nichts von dir, großmütiger König! Kann ich dir aber mit dem Fleische meines d**u**mmen Gefährten dienen, so darfst d**u** nur befehlen."
Der Löwe versprach ihm Schonung, **u**nd der F**u**chs führte den Esel in eine Gr**u**be, in der er sich fing.
Brüllend eilte n**u**n der Löwe auf den F**u**chs z**u** und ergriff ihn mit den Worten: „Der Esel ist mir gewiss, aber dich zerreiße ich wegen deiner Falschheit z**u**erst."
Den Verrat ben**u**tzt man wohl, aber den Verräter liebt man doch nicht.

2 ⊙ Unter die Lupe genommen! 11

Ein Bauer **t**rieb ein Pferd und einen Esel, beide gleichmäßig beladen, zu Mark**t**e. Als sie schon eine gu**t**e Strecke vorwär**t**s gegangen waren, fühl**t**e der Esel seine Kräf**t**e abnehmen. „Ach", ba**t** er das Pferd kläglich: „Du bis**t** viel größer und s**t**ärker als ich, und doch has**t** du nicht schwerer zu **t**ragen, nimm mir einen **T**eil meiner Las**t** ab, sons**t** erliege ich."
Har**t**herzig schlug ihm das Pferd seine Bi**tt**e ab: „Ich habe selbs**t** meinen **T**eil, und daran genug zu **t**ragen."
Keuchend schlepp**t**e sich der Esel wei**t**er, bis er endlich erschöpf**t** zusammens**t**ürz**t**e.
Vergeblich hieb der Herr auf ihn ein, er war **tot**. Es blieb nun nich**t**s wei**t**er übrig, als die ganze Las**t** des Esels dem Pferde aufzupacken, und um doch e**t**was von dem Esel zu re**tt**en, zog ihm der Besi**t**zer das Fell ab und leg**t**e auch dieses noch dem Pferde oben auf.
Zu spä**t** bereu**t**e dieses seine Har**t**herzigkei**t**. „Mi**t** leich**t**er Mühe", so klag**t**e es, „hä**tt**e ich dem Esel einen kleinen **T**eil seiner Las**t** abnehmen und ihn vom **T**ode re**tt**en können. Jetzt muss ich seine ganze Las**t** und dazu noch seine Hau**t** **t**ragen."
Hilf zei**t**ig, wo du helfen kanns**t**. Hilf dem Nachbarn löschen, ehe das Feuer auch dein Dach ergrei**ft**.

KOHL VERLAG Konzentration SEKUNDARSTUFE Steigerung Schritt für Schritt – Bestell-Nr. 11 699

12 Lösungen

2 ! Unter die Lupe genommen! 12

Es war einmal ein Prinz, der wollte eine Prinzessin heiraten. Aber das sollte eine wirkliche Prinzessin sein. Da reiste er in der ganzen Welt herum, um eine solche zu finden, aber überall fehlte etwas. Prinzessinnen gab es genug, aber ob es wirkliche Prinzessinnen waren, konnte er nie herausfinden. Immer war da etwas, was nicht ganz in Ordnung war. Da kam er wieder nach Hause und war ganz traurig, denn er wollte doch gern eine wirkliche Prinzessin haben.
Eines Abends zog ein furchtbares Wetter auf; es blitzte und donnerte, der Regen stürzte herab, und es war ganz entsetzlich. Da klopfte es an das Stadttor, und der alte König ging hin, um aufzumachen.
Es war eine Prinzessin, die draußen vor dem Tor stand. Aber wie sah sie vom Regen und dem bösen Wetter aus! Das Wasser lief ihr von den Haaren und Kleidern herab, lief in die Schnäbel der Schuhe hinein und zum Absatz wieder hinaus. Sie sagte, dass sie eine wirkliche Prinzessin wäre.
‚Ja, das werden wir schon erfahren!' dachte die alte Königin, aber sie sagte nichts, ging in die Schlafkammer hinein, nahm alles Bettzeug ab und legte eine Erbse auf den Boden der Bettstelle. Dann nahm sie zwanzig Matratzen, legte sie auf die Erbse und dann noch zwanzig Eiderdaunendecken oben auf die Matratzen.
Hier sollte nun die Prinzessin die ganze Nacht über liegen.
Am Morgen wurde sie gefragt, wie sie geschlafen hätte.
„Oh, entsetzlich schlecht!" sagte die Prinzessin. „Ich habe fast die ganze Nacht kein Auge geschlossen! Gott weiß, was in meinem Bett gewesen ist. Ich habe auf etwas Hartem gelegen, so dass ich am ganzen Körper ganz braun und blau bin! Es ist ganz entsetzlich!"
Daran konnte man sehen, dass sie eine wirkliche Prinzessin war, da sie durch die zwanzig Matratzen und die zwanzig Eiderdaunendecken die Erbse gespürt hatte. So feinfühlig konnte niemand sein außer einer echten Prinzessin.
Da nahm sie der Prinz zur Frau, denn nun wusste er, dass er eine wirkliche Prinzessin gefunden hatte. Und die Erbse kam auf die Kunstkammer, wo sie noch zu sehen ist, wenn sie niemand gestohlen hat.
Seht, das war eine wirkliche Geschichte!

2 ! Unter die Lupe genommen! 13

Ein Fuchs hatte einen Storch zu Gaste gebeten, und setzte die leckersten Speisen vor, aber nur auf ganz flachen Schüsseln, aus denen der Storch mit seinem langen Schnabel nichts fressen konnte. Gierig fraß der Fuchs alles allein, obgleich er den Storch unaufhörlich bat, es sich doch schmecken zu lassen.
Der Storch fand sich betrogen, blieb aber heiter, lobte außerordentlich die Bewirtung und bat seinen Freund auf den andern Tag zu Gaste. Der Fuchs mochte wohl ahnen, dass der Storch sich rächen wollte, und wies die Einladung ab. Der Storch ließ aber nicht nach, ihn zu bitten, und der Fuchs willigte endlich ein.
Als er nun anderen Tages zum Storche kam, fand er alle möglichen Leckerbissen aufgetischt, aber nur in langhalsigen Geschirren. „Folge meinem Beispiele", rief ihm der Storch zu, „tue, als wenn du zu Hause wärest." Und er schlürfte mit seinem Schnabel ebenfalls alles allein, während der Fuchs zu seinem größten Ärger nur das Äußere der Geschirre belecken konnte und nur das Riechen hatte.
Hungrig stand er vom Tische auf und gestand zu, dass ihn der Storch für seinen Mutwillen hinlänglich gestraft habe.

Was du nicht willst, dass man dir tu',
Das füg' auch keinem anderen zu.

2 ★ Unter die Lupe genommen! 14

Der Personalmangel trifft vor allem die alten Menschen in Deutschland, die die Pflege so dringend brauchen. Aber zunächst die Zahlen: In Alten- und Pflegeheimen werden rund 750.000 Menschen in über 12.000 Einrichtungen stationär gepflegt. Sie können nicht mehr zu Hause leben. 1,85 Millionen Menschen leben zu Hause und werden dort gepflegt, oft von ihrer Familie oder ihrem Ehepartner und unterstützt von ambulanten Pflegediensten.
Hinter den nüchternen Zahlen stecken erschreckende Tatsachen. Denn wenn die Modellrechnungen des Statistischen Bundesamtes stimmen, dann werden im Jahr 2025 rund 152.000 Beschäftigte in Pflegeberufen fehlen. Schon heute mangelt es an 130.000 Pflegekräften. Wegen der fehlenden Pflegekräfte vor allem in Altenheimen müssen die vorhandenen Pflegerinnen und Pfleger mehr arbeiten. Dazu kommt viel Bürokratie und es bleibt zu wenig Zeit, sich wirklich um die Alten zu kümmern. Körperliche und psychische Beschwerden des Pflegepersonals sind häufig. Fast ein Drittel ist burnout-gefährdet. Da immer mehr ältere Menschen auch an Demenz erkranken, verschärft sich das Problem. Denn die Betreuung eines Demenzkranken ist ein 24-Stunden-Job. Im Jahr 2020 werden den Prognosen nach 2,78 Millionen Menschen in Deutschland pflegebedürftig sein.

2 ★ Unter die Lupe genommen! 15

Es war ein Mann, der hatte drei Söhne, davon hieß der jüngste der Dummling, und wurde verachtet und verspottet, und bei jeder Gelegenheit zurückgesetzt. Es geschah, dass der älteste in den Wald gehen wollte, Holz hauen, und eh er ging, gab ihm noch seine Mutter einen schönen feinen Eierkuchen und eine Flasche Wein mit, damit er nicht Hunger und Durst litte. Als er in den Wald kam, begegnete ihm ein altes graues Männlein, das bot ihm einen guten Tag und sprach ‚Überlass mir doch ein Stück Kuchen aus deiner Tasche, und lass mich einen Schluck von deinem Wein trinken, ich bin so hungrig und durstig.‘ Der kluge Sohn aber antwortete ‚geb ich dir meinen Kuchen und meinen Wein, so hab ich selber nichts, pack dich deiner Wege,‘ ließ das Männlein stehen und ging fort. Als er nun anfing einen Baum zu behauen, dauerte es nicht lange, so hieb er fehl, und die Axt fuhr ihm in den Arm, dass er heimgehen und sich verbinden lassen musste. Das war aber von dem grauen Männchen gekommen.
Darauf ging der zweite Sohn in den Wald, und die Mutter gab ihm, wie dem ältesten, einen Eierkuchen und eine Flasche Wein. Dem begegnete gleichfalls das alte graue Männchen und hielt um ein Stückchen Kuchen und einen Trunk Wein an. Aber der zweite Sohn sprach auch ganz verständig ‚was ich dir gebe, das geht mir selber ab, pack dich deiner Wege,‘ ließ das Männlein stehen und ging fort. Die Strafe blieb nicht aus, als er ein paar Hiebe am Baum getan, hieb er sich ins Bein, dass er nach Haus getragen werden musste.

12 Lösungen

3 ⊙ Schon wieder? - Doppelte Wörter 16

Badesaison Sprungturm Bademeister Badehose

Schnorchel Dusche Baderegeln Muschel Fisch

Sonne Handtuch Seife Klippe Sprungbrett

Luftmatratze Kraul Unwetter Bademeister Sonnenlicht

UV-Strahlen Bademantel Sonnencreme Wettschwimmen

Fisch Schwimmhilfe Taucher Schwimmweste Flossen

Schwimmgürtel Delphin Badeanzug Bikini Floß

Baderegeln Badeschuhe Badekappe DLRG Tauchen

Sonnenlicht Badewetter Himbeereis Badematte Sonne

Wasserball Ferien Federball Brustschwimmen Wurst

Badeleiter Taucherbrille Taucheranzug Gummitier Ente

Floß Taucheruhr Tischtennis Halskette Delphin

3 ! Schon wieder? - Doppelte Wörter 17

Förster Revier Heide Eichelhäher Platzhirsch

Tanne Knospen Waldrebe Eicheln Wildschwein

Moos Borke Geweih Stutzen Rucksack Revier

Tragegurte Zwölfender Hochsitz Eiche Baummarder

Platzhirsch Büchsenlicht Zweig Waldrebe Ameisen

Jäger Hirschkuh Dachs Geweih Gehölz Losung

Gewölle Uhu Anemone Pflanzung Rothirsch Eiche

Ameisenhaufen Nachtschattengewächs Blatt Baumstamm

Fernglas Motorsäge Gebüsch Buchecker Gewölle

Verbiss Schonung Axt Frischling Ricke Rispen

Laub Blatt Nachtglas Baumstamm Ameisenhaufen

Suhle Bache Frauenschuh Pirol Reisigbündel

12 Lösungen

3 ★ Schon wieder? - Doppelte Wörter 18

Campingplatz Caravan Hering Spannschnur Zelt

Wimpel Zeltstangen Kühlaggregat Klappspaten

Gummihammer Hering Schlafsack Luftmatratze

Klappstuhl Windlicht Toilettenpapier Kulturbeutel

Haken Wimpel Taschenmesser Poncho Dosenravioli

Gasbehälter Laterne Büchsenöffner Campingbett

Decke Spannband Sonnendach Wasserkanister Grill

Vorzelt Kocherschrank Campingtisch Gasbehälter

Flickzeug Campingstühle Taschenlampe Grillanzünder

Blasebalg Rucksack Klappstuhl Abspannleinen Decke

Pfannen Waschmittel Gummistiefel Badeschlappen

Badeanzug Sonnenhut Flickzeug Trainingsanzug

3 ★★ Schon wieder? - Doppelte Wörter 19

Fußballspiel Schiedsrichter Trikots Fußball Pfeife

Stehplatz Stadionwurst Sitzplatz Anpfiff Hose

Fußballschuhe Trikots Fernsehball Stulpen Elfmeter

Pfiff Foulspiel Tor Abseits Gegner Tormann

Senf Wimpel Schiedsrichter Foul Spieler Abwehr

Fußballtore Eckball Verteidiger Fußballschuhe

Stadion Tor Abwehrverhalten Pass Tribünenplatz

Eintrittskarte Anspiel Abwehr Kickschuhe Beinschoner

Stollen Querschläger Kopfball Handelfmeter Anpfiff

Bierbecher Respekt Strafstoß Eckfahne Sanitäter

Linienrichter Eckball Tragbahre Freistoßspray Stadion

Flutlicht Torrichter Abpfiff Stollen Strafstoß Abseits

KOHL VERLAG Konzentration SEKUNDARSTUFE
Steigerung Schritt für Schritt – Bestell-Nr. 11 699

12 Lösungen

4 ⊙ Verkehrt herum 20

Aller Anfang ist schwer.
.rewhcs tsi gnafnA rellA

Ohne Fleiß kein Preis.
.sierP niek ßielF enhO

Früh krümmt sich, was ein Haken werden will.
.lliw nedrew nekaH nie saw ,hcis tmmürk hürF

Der frühe Vogel fängt den Wurm.
.mruW ned tgnäf legoV ehürf reD

Was Hänschen nicht lernt, lernt Hans nimmermehr.
.rhemremmin snaH tnrel ,tnrel thcin nehcsnäH saW

Ein voller Bauch studiert nicht gerne.
.enreg thcin treiduts hcuaB rellov niE

Stöhnen ist die halbe Arbeit.
.tiebrA eblah eid tsi nenhötS

Unterricht stört die Vorbereitung.
.gnutierebroV eid tröts thcirretnU

4 ! Verkehrt herum 21

Hier rostet sich ein Schüler zum alten Eisen durch.
.hcrud nesiE netla muz relühcS nie hcis tetsor reiH

Lehrer ist ein Beruf, Schüler ein Schicksal.
.laskcihcS nie relühcS ,fureB nie tsi rerheL

Schulen sind die größten Phantasiekiller.
.rellikeisatnahP netßörg eid dnis neluhcS

Wer die Schule hat, hat das Land.
.dnaL sad tah ,tah eluhcS eid reW

Ohne Unterricht hat der Mensch nicht viel Gewicht.
.thciweG leiv thcin hcsneM red tah thcirretnU enhO

Eine gute Schule macht bald eine gute Gemeinde.
.edniemeG etug enie dlab thcam eluhcS etug eniE

Mit der Schule ist es zum Verrücktwerden.
.nedrewtkcürreV muz se tsi eluhcS tiM

Schulen sind Großraumbüros mit lauter Schreimaschinen.
.nenihcsamierhcS retual tim sorübmuarßorG dnis ne-luhcS

4 ! Verkehrt herum 22

Mit leerem Kopf nickt es sich leichter.
.rethciel hcis se tkcin fpoK mereel tiM

Reden ist Silber, Ausreden sind Gold!
!dloG dnis nedersuA ,rebliS tsi nedeR

Der Betrunkene sagt, was der Nüchterne denkt.
.tkned enrethcüN red saw ,tgas eneknurteB reD

Nichts ist umsonst. Selbst der Tod kostet das Leben.
.nebeL sad tetsok doT red tsbleS .tsnosmu tsi sthciN

Frei sein heißt, wählen können, wessen Sklave man ist.
.tsi nam evalkS nessew ,nennök nelhäw ,tßieh neis ierF

Fahre nicht schneller als dein Schutzengel fliegen kann.
.nnak negeilf legneztuhcS nied sla rellenhcs thcin erhaF

Das Wissen verfolgt mich – doch ich bin schneller.
.rellenhcs nib hci hcod – hcim tglofrev nessiW saD

Folgen Sie mir nicht, ich habe mich auch verfahren.
.nerhafrev hcua hcim ebah hci ,thcin rim eiS negloF

4 ★ Verkehrt herum 23

Die Welt ist die wahre Schule, denn da lernt man alles von selbst.
.tsbles nov sella nam tnrel ad nned ,eluhcS erhaw eid tsi tleW eiD

Ich mag die Schule nicht, in der kein Fehler vorkommt.
.tmmokrov relheF niek red ni ,thcin eluhcS eid gam hcI

Ein Haus voller Lehrer macht das Leben schwerer.
.rerewhcs nebeL sad thcam rerheL rellov suaH niE

Beim Klassentreffen bist du Schüler, auch als Bundeskanzler.
.relznaksednuB sla hcua ,relühcS ud tsib neffertnessalK mieB

Rotstifte helfen schwarz zu sehen.
.nehes zu zrawhcs nefleh etfitstoR

Eine Schule ist die größte Fehlinvestition.
.noititsevnilheF etßörg eid tsi eluhcS eniE

Die Schule ist gegenwärtig ein Parkplatz für Kinder.
.redniK rüf ztalpkraP nie gitröwnegeg tsi eluhcS eiD

Man kann alle zur Schule schicken, aber keinem das Denken beibringen.
.negnirbieb nekneD sad meniek reba ,nekcihcs eluhcS ruz ella nnak naM

KOHL VERLAG Konzentration SEKUNDARSTUFE
Steigerung Schritt für Schritt – Bestell-Nr. 11 699

12 Lösungen

4 ★ Verkehrt herum 24

Never stop dreaming.
.gnimaerd pots reveN

Sometimes you miss the memories, not the person.
.nosrep eht ton ,seiromem eht ssim uoy semitemoS

Never forget it is a good life.
.efil doog a si ti tegrof reveN

Pain is temporary, pride is forever.
.reverof si edirp ,yraropmet si niaP

Listen to your heart.
.traeh ruoy ot netsiL

When nothing goes right – go left.
.tfel og – thgir seog gnihton nehW

Wish you were Beer.
.reeB erew uoy hsiW

All good things come to an end.
.dne na ot emoc sgniht doog llA

5 ⊙ Buchstabenrätsel 25

F	H	Z	U	I	S	A	D	W	E	**T**	S	D	U	**S**	A	S	D	F	G
T	F	Z	U	S	J	G	L	**K**	W	**I**	A	R	U	**A**	U	Z	T	R	F
K	I	A	S	**D**	R	A	A	**R**	E	**N**	A	F	U	**U**	Z	H	U	J	I
H	J	**T**	R	**E**	T	G	T	**A**	R	**T**	D	T	J	**E**	O	P	O	L	Ö
G	A	**A**	T	**L**	R	T	T	**B**	F	**E**	O	**K**	**O**	**R**	**A**	**L**	**L**	**E**	**N**
Z	Ü	**U**	Z	**P**	S	E	R	**B**	A	**N**	F	Ö	Z	**S**	A	D	Ü	Z	F
U	Ö	**C**	O	**H**	U	I	H	**E**	X	**F**	G	L	C	**T**	G	L	**S**	U	T
U	P	**H**	K	**I**	O	**B**	A	D	D	**I**	G	K	F	**O**	A	A	**C**	F	R
U	L	**E**	J	**N**	I	**L**	G	L	Z	**S**	H	H	V	**F**	G	T	**H**	E	D
J	O	**R**	D	Z	L	**E**	A	A	U	**C**	J	D	G	**F**	T	T	**N**	J	E
F	K	**M**	E	J	Ö	**I**	G	T	H	**H**	K	A	B	**G**	E	R	**O**	F	S
D	I	**A**	F	I	Ö	**G**	T	T	J	O	L	C	H	**E**	W	A	**R**	K	W
V	J	**S**	G	K	Ä	**Ü**	E	R	O	L	Ö	B	H	**R**	R	E	**C**	H	S
N	U	**K**	Z	O	G	**R**	W	A	**F**	P	Z	E	U	**Ä**	T	L	**H**	D	X
O	H	**E**	H	L	H	**T**	R	E	**I**	Ö	**B**	R	J	**T**	F	G	**E**	T	U
S	D	F	U	P	G	**E**	T	L	**S**	D	**L**	T	K	H	R	F	**L**	U	**W**
H	U	I	J	Ö	D	**L**	F	G	**C**	E	**A**	Z	O	U	J	I	I	H	**R**
A	S	F	M	O	K	W	R	F	**H**	E	**S**	U	L	I	O	K	O	G	**A**
H	U	**B**	**O**	**O**	**T**	E	J	I	E	S	**E**	I	A	K	I	P	K	F	**C**
C	V	U	J	K	Z	U	O	K	R	A	**N**	O	G	L	K	I	J	D	**K**
H	I	U	U	J	U	Z	I	P	U	X	U	P	**A**	**N**	**K**	**E**	**R**	V	W
E	G	T	H	Z	**B**	**U**	**C**	**K**	**E**	**L**	**W**	**A**	**L**	T	Z	U	I	B	E
R	E	R	T	Z	H	G	O	I	W	Y	A	S	F	G	Z	U	I	I	F
I	X	C	D	V	F	G	Z	U	A	**A**	**N**	**K**	**E**	**R**	A	B	P	**F**	G
N	P	O	I	U	Z	T	D	S	W	E	R	F	G	H	Z	U	J	**L**	U
G	R	T	**S**	**E**	**E**	**A**	**N**	**E**	**M**	**O**	**N**	**E**	S	D	F	G	H	**O**	H
D	R	X	S	O	I	U	Z	F	F	F	R	N	Z	T	R	F	G	**S**	K
D	E	A	A	A	E	D	R	D	A	E	D	R	H	U	J	I	K	**S**	I
R	T	**T**	**A**	**U**	**C**	**H**	**E**	**R**	E	R	T	Z	**H**	**A**	**I**	Z	U	**E**	H
A	S	D	F	G	H	J	K	L	O	I	C	V	T	Z	N	M	U	**N**	L

12 Lösungen

5 ⊙ Buchstabenrätsel 26

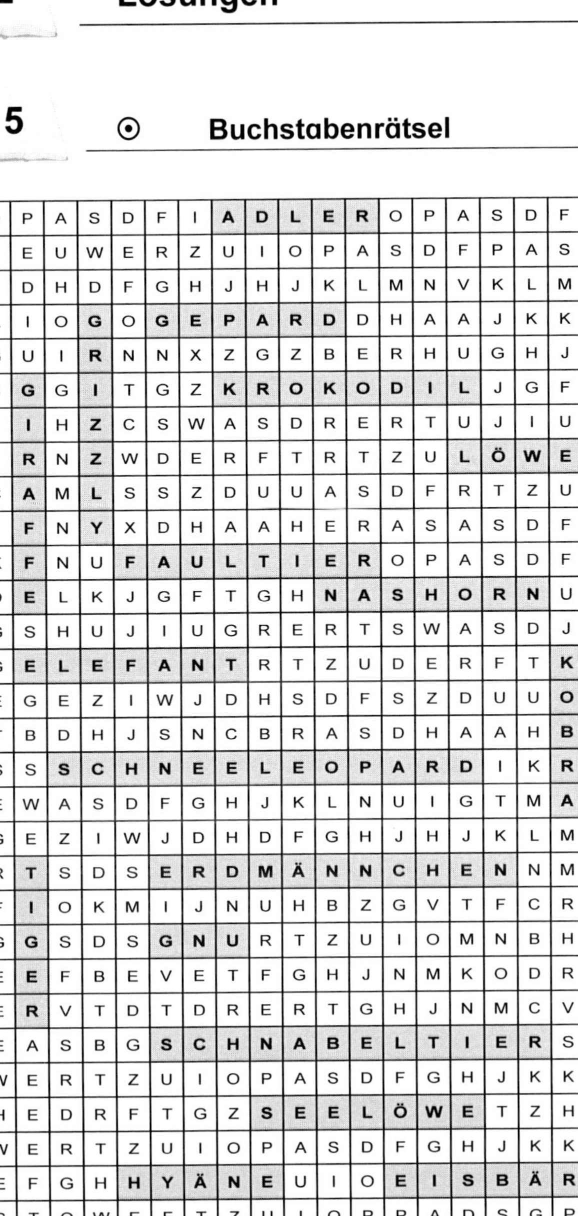

O	P	A	S	D	F	I	**A**	**D**	**L**	**E**	**R**	O	P	A	S	D	F	I	O
U	E	U	W	E	R	Z	U	I	O	P	A	S	D	F	P	A	S	D	F
J	D	H	D	F	G	H	J	H	J	K	L	M	N	V	K	L	M	N	V
A	I	O	**G**	O	**G**	**E**	**P**	**A**	**R**	**D**	D	H	A	A	J	K	K	**K**	B
G	U	I	**R**	N	N	X	Z	G	Z	B	E	R	H	U	G	H	J	**O**	R
B	**G**	G	**I**	T	G	Z	**K**	**R**	**O**	**K**	**O**	**D**	**I**	**L**	J	G	F	**L**	V
I	**I**	H	**Z**	C	S	W	A	S	D	R	E	R	T	U	J	I	U	**I**	E
I	**R**	N	**Z**	W	D	E	R	F	T	R	T	Z	U	**L**	**Ö**	**W**	**E**	**B**	Z
C	**A**	M	**L**	S	S	Z	D	U	U	A	S	D	F	R	T	Z	U	**R**	O
I	**F**	N	**Y**	X	D	H	A	A	H	E	R	A	S	A	S	D	F	**I**	O
K	**F**	N	U	**F**	**A**	**U**	**L**	**T**	**I**	**E**	**R**	O	P	A	S	D	F	O	O
D	**E**	L	K	J	G	F	T	G	H	**N**	**A**	**S**	**H**	**O**	**R**	**N**	U	T	T
G	S	H	U	J	I	U	G	R	E	R	T	S	W	A	S	D	J	K	K
G	**E**	**L**	**E**	**F**	**A**	**N**	**T**	R	T	Z	U	D	E	R	F	T	**K**	R	R
E	G	E	Z	I	W	J	D	H	S	D	F	S	Z	D	U	U	**O**	O	O
T	B	D	H	J	S	N	C	B	R	A	S	D	H	A	A	H	**B**	T	T
S	S	**S**	**C**	**H**	**N**	**E**	**E**	**L**	**E**	**O**	**P**	**A**	**R**	**D**	I	K	**R**	K	K
E	W	A	S	D	F	G	H	J	K	L	N	U	I	G	T	M	**A**	R	R
G	E	Z	I	W	J	D	H	D	F	G	H	J	H	J	K	L	M	N	V
R	**T**	S	D	S	**E**	**R**	**D**	**M**	**Ä**	**N**	**N**	**C**	**H**	**E**	**N**	N	M	I	**P**
F	**I**	O	K	M	I	J	N	U	H	B	Z	G	V	T	F	C	R	H	**I**
G	**G**	S	D	S	**G**	**N**	**U**	R	T	Z	U	I	O	M	N	B	H	K	**N**
E	**E**	F	B	E	V	E	T	F	G	H	J	N	M	K	O	D	R	J	**G**
E	**R**	V	T	D	T	D	R	E	R	T	G	H	J	N	M	C	V	M	**U**
E	A	S	B	G	**S**	**C**	**H**	**N**	**A**	**B**	**E**	**L**	**T**	**I**	**E**	**R**	S	N	**I**
W	E	R	T	Z	U	I	O	P	A	S	D	F	G	H	J	K	K	L	**N**
H	E	D	R	F	T	G	Z	**S**	**E**	**E**	**L**	**Ö**	**W**	**E**	T	Z	H	U	J
W	E	R	T	Z	U	I	O	P	A	S	D	F	G	H	J	K	K	L	O
E	F	G	H	**H**	**Y**	**Ä**	**N**	**E**	U	I	O	**E**	**I**	**S**	**B**	**Ä**	**R**	O	K
S	T	Q	W	E	F	T	Z	U	I	O	P	P	A	D	S	G	P	O	I

5 ! Buchstabenrätsel 27

Z	**W**	**I**	**S**	**C**	**H**	**E**	**N**	**Z**	**E**	**I**	**T**	S	A	D	D	F	G	G	H
W	D	D	O	F	G	H	J	R	Ü	Ö	J	G	L	E	R	T	Z	**B**	F
R	Ü	Ö	J	G	L	U	**B**	**R**	**E**	**M**	**S**	**E**	**N**	F	D	**S**	I	**E**	I
G	T	**R**	F	H	A	G	F	H	U	G	G	F	H	**Ü**	L	**T**	I	**N**	J
T	T	**E**	F	G	G	I	T	F	H	K	I	T	F	**B**	A	**R**	F	**Z**	A
E	R	**N**	E	Z	**R**	I	K	I	**K**	P	I	K	I	**E**	T	**A**	F	**I**	Ü
W	A	**N**	D	U	**E**	F	H	J	**U**	A	F	H	J	**R**	T	**F**	E	**N**	Ö
R	E	**E**	R	U	**G**	F	G	A	**R**	D	F	G	A	**H**	R	**M**	D	U	P
T	L	**N**	F	U	**E**	E	Z	Ü	**V**	W	E	Z	Ü	**O**	A	**I**	F	U	L
F	G	A	T	J	**N**	D	U	Ö	**E**	S	D	U	Ö	**L**	E	**N**	T	J	O
R	F	C	G	F	**R**	R	U	P	**N**	A	R	U	P	**V**	L	**U**	G	F	K
S	F	K	W	D	**E**	F	U	L	Ü	A	F	U	L	**O**	G	**T**	W	D	I
P	R	A	S	V	**I**	T	J	O	P	D	T	J	O	**R**	F	**E**	S	V	J
O	A	T	D	N	**F**	P	**A**	**B**	**R**	**I**	**E**	**B**	K	**G**	I	N	D	N	U
I	E	R	X	O	**E**	F	R	T	Z	Ü	W	D	I	**A**	K	K	X	O	H
L	A	**K**	Y	L	**N**	B	D	U	A	E	R	T	F	**N**	P	I	Y	L	Z
E	R	**U**	J	U	W	E	R	D	F	G	T	Z	F	**G**	I	J	T	Ö	G
R	A	**R**	A	B	C	D	E	F	**B**	**O**	**X**	**E**	**N**	**G**	**A**	**S**	**S**	**E**	T
F	R	**S**	I	L	T	G	W	E	I	G	Z	U	U	I	R	T	G	H	F
I	J	A	S	D	F	G	B	H	U	**M**	**O**	**N**	**T**	**E**	**U**	**R**	F	G	K
M	**A**	**M**	**P**	**E**	**L**	J	U	W	E	R	D	F	G	T	Z	F	G	H	R
M	K	I	Z	F	**T**	**R**	**I**	**B**	**Ü**	**N**	**E**	R	E	T	Z	U	F	D	D
U	J	U	G	E	R	T	Z	U	I	O	P	P	Ä	Ä	Ü	L	K	J	E
E	R	F	G	T	**R**	**E**	**N**	**N**	**F**	**A**	**H**	**R**	**E**	**R**	Ü	L	O	K	S
U	J	U	G	E	R	T	Z	U	I	O	P	P	Ä	Ä	Ü	L	K	J	W
Ü	**P**	**A**	**U**	**S**	**E**	U	J	N	H	Z	G	B	V	F	R	F	R	Ü	S
H	J	K	I	U	Z	R	F	**N**	**Ü**	**R**	**B**	**U**	**R**	**G**	**R**	**I**	**N**	**G**	X
Z	H	F	Ö	Z	U	S	E	R	T	A	S	E	R	X	V	B	H	U	D
D	R	X	S	O	I	**F**	**U**	**N**	**K**	E	R	R	T	H	J	N	I	U	C
D	E	A	A	A	E	D	R	D	A	E	D	R	**R**	**E**	**I**	**F**	**E**	**N**	F

KOHL VERLAG
Konzentration SEKUNDARSTUFE
Steigerung Schritt für Schritt – Bestell-Nr. 11 699

12 Lösungen

5 ★ Buchstabenrätsel 28

A	D	N	O	M	U	E	U	W	E	R	Z	U	I	O	P	A	S	D	F
G	E	Z	I	W	J	D	H	D	F	G	H	J	H	J	K	L	M	N	V
B	D	H	J	S	N	C	B	E	R	S	A	T	E	L	L	I	T	D	F
I	C	N	N	X	Z	G	Z	B	E	R	H	U	J	U	P	I	T	E	R
I	R	U	K	R	H	Y	G	S	A	T	U	R	N	E	R	T	Z	U	B
C	F	J	E	F	B	E	V	E	T	F	G	H	J	N	M	K	O	D	R
I	V	M	R	V	T	D	T	D	R	E	R	T	G	H	J	N	M	C	V
K	T	I	D	T	G	G	F	N	A	H	B	F	U	A	L	M	U	W	E
D	G	K	E	G	V	A	C	S	W	A	S	D	E	R	E	R	T	U	Z
G	B	O	U	B	R	L	W	D	E	R	F	T	S	R	T	Z	U	I	O
G	Z	L	M	Z	F	A	S	S	Z	D	U	U	O	A	S	D	F	I	O
E	H	Z	E	H	V	X	X	D	H	A	A	H	N	E	R	A	S	O	O
T	N	H	R	N	E	I	R	S	D	D	R	H	N	B	N	U	I	G	T
S	U	N	K	M	C	E	E	E	F	F	T	U	E	S	T	E	C	T	K
F	B	U	U	O	K	M	I	J	N	U	H	B	Z	G	V	T	F	C	R
R	K	O	R	O	O	O	O	E	S	S	A	R	T	S	H	C	L	I	M
F	O	W	S	X	E	D	C	R	F	V	T	G	B	Z	H	N	U	J	M
G	M	O	T	U	K	S	C	H	W	E	I	F	K	L	M	N	B	H	K
E	E	P	O	I	U	Z	T	R	E	W	A	S	D	F	G	H	J	K	L
E	T	E	E	T	E	K	A	R	E	A	S	B	L	L	A	A	G	U	H
H	E	D	R	F	T	G	Z	E	R	D	A	N	Z	I	E	H	U	N	G
A	U	T	U	S	U	N	E	V	V	V	E	R	Z	Z	U	I	R	E	D
I	S	D	D	F	G	G	F	G	A	S	T	R	O	N	A	U	T	A	U
W	E	R	T	Z	U	I	O	P	A	S	D	F	G	H	J	K	K	L	O
J	D	P	F	E	E	E	R	T	R	A	B	A	N	T	G	H	J	K	L
B	H	L	A	S	D	F	X	C	V	B	N	M	L	K	J	G	F	D	S
K	F	A	W	E	F	A	E	D	R	E	T	Z	H	U	J	I	U	J	N
E	R	N	T	Z	U	I	U	R	A	N	U	S	D	F	G	T	H	N	J
L	S	E	F	G	X	C	V	B	N	M	F	G	H	J	K	L	H	G	F
M	N	T	S	T	Q	W	E	F	T	Z	U	I	O	P	P	A	D	S	G

5 ★★ Buchstabenrätsel 29

W	E	E	S	Q	U	A	W	E	R	D	S	A	D	D	F	G	G	F	H
W	D	D	O	F	G	H	J	R	Ü	Ö	J	G	L	T	C	K	I	T	F
W	Z	D	P	J	Ä	G	E	R	E	R	R	A	A	O	O	P	I	K	I
R	H	D	O	E	R	E	D	S	A	F	T	G	T	M	S	A	F	H	J
T	W	I	L	D	P	F	E	R	D	E	R	T	T	A	A	D	F	G	A
Z	H	F	Ö	Z	U	S	E	R	T	A	S	E	R	H	M	W	E	Z	Ü
U	S	G	L	C	U	T	A	E	R	T	T	W	A	A	A	S	D	U	Ö
I	K	G	K	F	H	G	S	T	I	P	I	R	E	W	R	A	R	U	P
O	A	H	H	V	I	B	D	U	A	E	R	T	L	K	T	A	F	U	L
P	L	J	D	G	N	U	F	Z	A	S	D	F	G	H	E	D	T	J	O
Ü	P	K	A	B	D	J	G	H	U	Z	T	R	F	G	R	F	G	F	K
D	Z	L	C	H	I	N	U	Ä	Z	H	U	J	I	K	P	Ü	W	D	I
E	J	Ö	B	H	A	I	H	U	P	Ö	L	O	K	I	F	R	S	V	J
F	I	Ö	B	J	N	K	J	P	T	R	P	I	P	A	A	F	D	N	U
G	K	Ä	I	N	E	M	K	T	G	T	F	K	I	R	H	F	X	O	H
Z	O	G	S	J	R	R	K	L	Z	G	E	O	I	T	L	G	Y	L	Z
H	L	H	O	N	U	T	L	I	H	Z	I	Z	U	H	E	G	T	Ö	G
U	P	G	N	J	H	Z	Z	N	U	H	L	T	M	A	N	I	T	U	T
J	Ö	D	U	M	B	U	Ö	G	J	U	W	E	R	D	F	G	T	Z	F
M	O	K	A	S	S	I	N	S	I	J	A	S	D	F	G	B	H	U	T
I	L	T	G	W	E	I	G	Z	U	U	I	P	R	Ä	R	I	E	F	R
J	K	Z	T	D	S	T	A	M	M	Y	X	C	V	B	N	M	W	E	D
U	J	U	G	E	R	T	Z	U	I	O	P	P	Ä	Ä	Ü	L	K	J	E
I	H	B	I	R	K	E	N	R	I	N	D	E	N	K	A	N	U	F	S
O	G	A	G	W	E	D	F	G	T	R	E	C	V	B	H	N	J	K	W
K	F	S	T	T	Z	U	I	W	I	G	W	A	M	E	F	T	G	H	S
J	B	O	G	E	N	U	J	N	H	Z	G	B	V	F	R	F	R	D	X
G	F	S	A	O	F	R	I	E	D	E	N	S	P	F	E	I	F	E	D
D	R	X	S	O	I	U	Z	F	F	F	R	N	S	I	O	U	X	A	C
D	E	A	A	A	E	D	R	D	A	E	D	R	F	T	I	O	U	A	F

6 ! Wo denn? - Versteckte Wörter 30

Gestern wollte ich eine Run**drei**se um den Bodensee mit meinem Hund „**Eins**tein" machen. Es herrschte zwischen mir und meinem Hund die Über**eins**timmung, dass er lief und ich auf meinem Rad fuhr. Durch sehr wal**drei**ches Gebiet führte unser Weg von Radolfzell nach Ludwigshafen. Wahrscheinlich war es auch ein sehr wil**drei**ches Re**vier** durch das wir kamen. Unsere Gem**eins**chaft wurde auf eine sehr harte Probe gestellt, als wir einen **Sechs**ender sahen, der sein Mütchen an einem Weidezaunpfosten kühlte. „**Eins**tein", der erst friedlich neben meinem Fahrrad lief, war sofort akti**vier**t. Er lief auf den Hirsch zu, verbellte ihn, und rannte ihm nach. Er verpasste dadurch den Ab**zwei**g nach Ludwigshafen. Ich be**zwei**felte nicht, dass er mich finden würde und radelte weiter. Ich war schon längst in Ludwigshafen aber keine Spur von meinem Hund. Ich stärkte mich erst mal mit Maultaschen und Kartoffelsalat. Nachdem ich gegessen hatte ging ich nachmittags in den Hafen und schaute zu wie ein Fr**acht**schiff beladen wurde. Mein Hund kam und kam nicht. Ich setzte mich auf eine Bank und überlegte. Leise Klänge eines Kla**vier**s wurden zu mir herüber geweht. Ich war mit mir un**eins**, ob ich nicht besser zurückradeln sollte. Ich fühlte mich einsam. Inzwischen war die N**acht** hereingebrochen. Ich fuhr zurück. Schon von weitem sah ich „**Eins**tein" am Ab**zwei**g sitzen. Er wedelte mit dem Schwanz vor Freude. Aus unserer geplanten Rundreise ist zwar nichts geworden, aber ich war glücklich, dass ich „**Eins**tein" wieder hatte. Zuhause angekommen schlüpfte ich in mein N**acht**hemd und war sofort eingeschlafen.

6 ★ Wo denn? - Versteckte Wörter 31

Ein mäch**tiger**, **bär tiger** Kerl – er kam aus **Eber**swalde und bestieg den nächstbesten Zug. Was für einen Sc**hund** führte er mit sich. Den Revolver hatte er von sei**ner Z**eit beim Militär. Er wollte möglichst weit weg. Er merkte dass eine neue P**hase** in seinem Leben angebrochen war. Er kam bis **Wolf**sburg.
Am selben Tag war er schon ganz schön weit gekommen, stellte er fest. In der Bahnhofshalle traf er einen **Taube**n, der gar nicht ta**pfer d**agegen hielt, als er ihn wieder und wieder tyrannisierte. Der Behinderte fing an zu h**eule**n.
In diesem Mom**ent e**ntließ der gemeine Ker**l aus** dem Zug sein Opfer. Er zog seine W**affe** und ging in eine nahegelegene Metzge**rei her**ein. Er ver**schaf**fte sich ge**wal**tsam Zutritt und d**reh**te dort eine Verkäuferin um 180 Grad um. Sie wehrte sich so gut sie konnte und ihre kleinen Fäuste pr**assel**ten auf ihn nieder, sodass er bei diesem „Tänzchen" sogar sein nicht mehr so **sau**beres Taschentuch verlor.
Er aber war wie im Rausch. Er spielt**e mu**nter die Dampfwal**ze, bra**ch die Portokasse auf und warf das Geld herum.
Als er endlich damit fertig war, war auch die Polizei schon da, verhaftete ihn und brachte ihn weg.
Die Verkäuferin gin**g nu**n nicht ganz so freudig ans Saubermachen.

12 Lösungen

7 ⊙ Hoppla! 32

Bälle, singen
Verschluss, Käfig
Gelenk, Prozent
Schlag, Scheune
Stufe, Pflaster
Riese, Schrift
Wrack, Freiheit
Park, Ungeheuer
Pfad, Kampf
Bild, Nähe
Farbbild, Pflaume
Enttäuschung, Jahr
Küste, Deckel

7 ⊙ Hoppla! 33

genießen, weinen
blitzen, vorschlagen
täuschen, behaupten
versuchen, impfen
hören, ausruhen
fallen, pflücken
zustecken, wuchern
während, leicht
deutlich, warum
wieso, wunderbar
besser, weich
schief, günstig

7 ! Hoppla! 34

Empfang, Kanzler
Imker, Fabrik
Absicht, Kreuz
Kiosk, Käufer
Messer, Schätzung
Anker, Musik
Kampf, Säure
Libelle, Giraffe
Quark, Kurve
Brennnessel, Prozent
finden, graben
verschenken, sagen
pflegen, fühlen

7 ★ Hoppla! 35

negativ, schwer
großartig, überlegen
fleißig, gefräßig
schnell, friedlich
gierig, unschuldig
Fontäne, Lektion
kämpfen, vielleicht
auswendig, Gesicht
Geräusch, Acker
Arbeit, Torwart
lästig, Augenzeuge
Pfütze, wertvoll

8 ⊙ Wortbrücken 36

MÜLL	**EIMER**	GRIFF
LICHTER	**KETTEN**	PANZER
ZAUBER	**KARTEN**	TRICK
FEUER	**LEITER**	SPROSSE
BERG	**FÜHRER**	SCHEIN
SITZ	**BANK**	KONTO
RAD	**WEG**	GABELUNG
DACH	**ZIEGEL**	HERSTELLER
PFERDE	**STALL**	BESITZER
LAMPEN	**SCHIRM**	STÄNDER
FUSS	**BALL**	SPORT
TINTEN	**FISCH**	MARKT

8 ! Wortbrücken 37

SCHÄFCHEN	**WOLKEN**	MEER
STREICHHOLZ	**SCHACHTEL**	BODEN
BOOTS	**FÜHRER**	SCHEIN
STRICK	**NADEL**	BAUM
GERICHTS	**AKTEN**	ZEICHEN
COMPUTER	**BILD**	RAHMEN
GLAS	**SCHRANK**	TÜR
LAGER	**TOR**	SCHLÜSSEL
NOTIZ	**BUCH**	SEITE
SCHILDER	**WALD**	BEWOHNER
SALZ	**WASSER**	TROPFEN

12 Lösungen

8 ★ Wortbrücken 38

TRAKTOR	**ANHÄNGER**....	KUPPLUNG
BALKON	**BLUMEN**	BEET
BUCH	**SEITEN**	ZAHL
SAFT	**BECHER**	LUPE
SCHREIBTISCH	**FUSS**	PFLEGE
TASCHEN	**DIEB**	STAHL
WASSER	**BALL**	SPIEL
HOTEL	**ZIMMER**	SERVICE
NOTIZ	**ZETTEL**	BOX
WASSER	**FALL**	HÖHE
TENNIS	**BALL**	JUNGE
FEUERWEHR	**AUTO**	REIFEN

8 ★★ Wortbrücken 39

FLUSS	**BETT**	GESTELL
KARTEN	**TASCHEN**	SPIELER
KORDEL	**ROLLEN**	SPIEL
HEIZUNGS	**MONTEUR**	DIENST
WASSER	**TAXI**	STAND
SCHLAG	**HOSEN**	BUND
MEER	**AAL**	REUSE
FABRIK	**SCHORNSTEIN**	FEGER
UHREN	**FEDER**	KIEL
HOCKER	**BEIN**	HAUS
SING	**VOGEL**	BAUER

12 Lösungen

9 ! Präg's dir ein! 41

a) BASE **b)** BRASSE **c)** AHN
d) RASEN **e)** AN **f)** RASSE
g) NASE **h)** BAHN **i)** TRASSE

a) ASS **b)** WER **c)** WAR
d) FASS **e)** ER **f)** ALL
g) SAAL **h)** FELL **i)** RASSEL

10 ⊙ Wort & Zahl 42

Die Summe aller Zahlen ist 55.
Das gesuchte Wort ist Karpfen.

10 ! Wort & Zahl 43

Die Summe aller Zahlen ist 50.
Das gesuchte Wort ist Pinguin.

11 ⊙ Alles rund um Zahlen 44

1	2	~~3~~	4
~~5~~	~~6~~	7	8
~~9~~	~~10~~	11	~~12~~
13	14	~~15~~	16
17	~~18~~	19	~~20~~
~~21~~	22	23	~~24~~
~~25~~	26	~~27~~	28
29	~~30~~	31	32
~~33~~	34	~~35~~	~~36~~
37	38	~~39~~	~~40~~

KOHL VERLAG
Konzentration SEKUNDARSTUFE
Steigerung Schritt für Schritt – Bestell-Nr. 11 699

12 Lösungen

11 ! Alles rund um Zahlen 45

4329 442929**4329**4293**4329**23494328**4329**45675239**4329**254328294327

1671 1682**1671**7161678 4**1671**16721673**1671**616**1671**176197127122671

1122 22111 23**1122**1234125611 34**1122**23451222112 3**1122**1345**1122**123

4890 498090489 1**4890**44904590**4890**4980**4890**444440894 8**4890**409040

3421 34**3421**2134321 4**3421**3124421 3**3421**2121341 2**3421**124332142121

4469 447069**4469**33694369**4469**44069456 9**4469**446869440**4469**434369

3456 3457**3456**32563478**3456**45633458**3456**35673459**3456**3453453457

5278 52795734**5278**56345676**5278**56725678578**5278**5673**5278**5378568

2525 26**2525**35352545**2525**242526**2525**2524**2525**54252122252125 2625

2167 21562172**2167**2134**2167**21342367**2167**21612168**2167**2165216467

4531 454541**4531**45674532**4531**4534534532**4531**45324532**4531**314534

1579 15781574**1579**15781578**1579**7915**1579**15781577**1579**1679153579

4789 4780478478**4789**4578**4789**478478**4789**478478**4789**478788927898

5189 5188**5189**418951 8**5189**51845**5189**5185181895180518**5189**516951

3039 30303339**3039**30330 38**3039**30300 39**3039**3030**3039**303303603930

1618 1518**1618**1518161**1618**168116**1618**18161681168161 18**1618**18168

11 ★ Alles rund um Zahlen 46

1 + 1 – 2 + 3 – 1 + 4 + 5 – 3 + 2 = 10

3 – 3 + 2 – 1 + 3 + 3 + 1 + 3 – 1 = 10

8 – 3 + 5 + 3 – 1 – 1 + 4 – 2 – 3 = 10

2 + 3 + 3 – 2 – 4 + 3 – 2 + 3 + 4 = 10

9 – 3 + 6 – 4 – 7 + 2 + 1 + 1 + 5 = 10

4 – 3 + 2 + 2 + 5 – 1 – 2 – 3 + 6 = 10

6 + 1 – 4 + 2 – 4 + 2 + 3 + 6 – 2 = 10

1 + 2 + 3 + 4 + 5 – 4 + 3 + 4 – 8 = 10

7 – 5 + 3 + 1 + 2 + 3 – 4 + 1 + 2 = 10

3 + 4 + 5 – 6 – 2 + 1 + 2 – 4 + 7 = 10

5 + 5 + 5 – 1 – 2 – 3 – 4 + 2 + 3 = 10

3 – 2 + 3 + 4 – 5 + 1 – 2 + 4 + 4 = 10